腾讯工作法

李亦花　陈　兰◎著

TENCENT

WORKING BASIS

ZHEJIANG UNIVERSITY PRESS

浙江大学出版社

洞察工作的本质

一群人想要将一块巨石推至山顶,可推动过程中一系列问题随之而来:

由于每个人站立的位置各不相同,用力的方向不统一,一些力量被相互抵消掉了;

另外,每个人目之所及的景象不同,A 能看到的左侧深坑 B 看不见,而 C 能看到的右前方障碍物,D 和 E 却看不见,他们相互争吵起来,都认为自己用力的方向是对的;

有人只是把手放在巨石上做做样子,并未尽力推动石块;

有人则认为自己力量有限,一边按部就班地推着,一边对旁边的人指指点点;

推动巨石的倡议者发现,宣扬"登顶的种种好处"似乎毫无作用,激励策略陷入瘫痪;

……

所有这些状况都是我们工作中常见问题的缩影。

团队目标不够清晰,成员总是争执不断,意见无法统一。可能还有一些消极怠工的家伙和指点江山的"评论家"混于其中,如果再加上管理者领导力不足……最终的成功率可想而知。

常见误区:工作方法＝自我管理

面对工作中广泛存在的问题,有两种截然不同的看法。

一种认为既然企业由人构成,只要员工都掌握了"对"的工作方法,所有问题都能迎刃而解,企业目标也自然能够达成。所以我们看到,只要一提起"工作法",大家都默契地讨论起自我管理的种种方法。例如:如何做好时间管理、如何做好项目规划、如何沟通协作……甚至包括如何从生理到心理上调节自身状态。

员工的自我管理当然值得重视,但谈到"工作方法"只看到这些是不够的。

在腾讯工作时,我们每天与产品打交道,产品设计工作会要求设计者用系统的眼光看待问题,拒绝一叶障目。我们发现,很多时候员工在工作中陷入迷茫,无法解决问题,其原因并不是疑惑于具体"怎么做"的问题,而是在于没有搞清楚"往哪儿用力"的问题。员工无法将团队和企业的大目标与自身目标很好地整合到一起——这才是问题的关键。

换个说法就是:我们无法知道自己的工作方法是对是错,直到将它放置到团队、企业甚至社会的大系统中去。因此在本书中,我们试着以一个更全面的视角来谈论腾讯的工作法。

企业要对"工作结果"负责

回到前面推动巨石的故事,如何最快地把巨石推至山顶?

答案很简单。在明确目标的基础上,只要满足两个条件:

1.每个人力量最大化;

2.所有人在所有时刻用力方向一致。

继续分解这两点,可以得到:

1.每个人的力量＝能力×意愿;

2.方向一致＝公平透明的沟通机制＋管理者领导力(前者能保证所有人看到相同的景象,避开可见陷阱;后者能保证最终执行决策的统一)。

分析至此,我们得到了影响"工作结果"的四个主要因素:员工的能力、个人意愿、沟通机制以及管理者的领导力。而这四点显然不是仅仅做好"自我管理"就能达成的,它需要组织付出巨大努力。从个人基础培训到创新力挖掘,从组织文化建设到管理团队培养,甚至公共关系维护——这五大方向上都松懈不得。

本书的结构

仅以结果而论,腾讯无疑是一个擅长"推动巨石登顶"的企业,可它究竟是如何做到的?

在本书中,你将看到从五个方面展开答案:

一、基本法则:那些越早明白越好的事(激发个人能力最大化);

二、创新工作法:从用户出发进行价值创造(正确定义目标,围绕目标作战);

三、领导法则:怎样带出"战斗力"满格团队(确保方向一致性);

四、组织与文化建设：最怕的就是"纸上谈兵"（确保个人意愿最大化）；

五、面对失败和竞争：开放共赢，再造一个腾讯（企业与公共关系，正确处理与外部环境的关系）。

在基本法则中，你将看到腾讯人最基本的工作共识，包括如何正确地用力、如何沟通、如何认识自我与处理工作关系。我们谈腾讯人如何发邮件、开会、使用PPT，本质上是在谈他们不同的沟通方式模型；我们谈人脉和敏感话题，本质上是为了说明职场关系正向及逆向的边界。

在创新工作法中，你将看到腾讯回归"用户本位"进行价值创造的具体方法，包括如何打破免费魔咒、如何判断要不要做一款产品，以及如何从"玩耍"、"偷懒"等看似负面的工作行为中汲取正向的创意灵感。

在领导法则中，我们列出了一些腾讯内部常用但看上去有悖常理的管理方法论：把员工当用户、杰出团队并不都是牛人、让下属尽早犯错、支持"窝里斗"……

在组织与文化建设中，你将看到腾讯如何让企业"潜规则"最大程度地浮出水面，如何站在员工角度思考，为员工解决世俗问题，让他们能以身为"鹅厂人"而骄傲。人的个人意愿通常分为理性和情感两方面。想让员工的工作意愿最大化，理性方面的解决方案就是提升薪酬福利，而情感上则是以人为本，加注企业文化建设，充分尊重和体恤员工。

在最后，我们将还原"3Q大战"之后的腾讯，从社会大系统的角度观察奔跑中的腾讯如何看待自己当下的位置以及如何看待未来。

综观全书，当我们能够从自身、企业、社会三个角度来理解自己工作的意义时，才能真正摆脱所谓的迷茫期或瓶颈期。因为一切都很清晰，你看到了工作全貌，对于选择或放弃都能相对笃定，知道自己现在在哪里，未来可以往哪个方向继续走下去。哪怕有一天你选择离开企业独自发展，这种曾跳出来俯瞰全局的经历也能让你拥有比常人更强的竞争力。

只有"赢"能成就组织和个人

再次回到巨石的故事。如果陷入问题的团队无法将巨石推至山顶，他们将无法获得登顶的收益回报，这意味着团队成员在过程中付出的努力也都将付之东流。那么下一次，同样一群人还会乐意聚在一起去推动一块全新的巨石吗？

失败的工作结果会反向塑造出失败的工作关系。

有一种观点：企业和员工的关系是冲突对立的，因为企业通过盘剥员工劳动力获取收益。可事实上我们看到，很多优秀企业和它们的员工之间是一种相互成就的共赢关系。企业在员工的努力下达成目标，飞速发展；而员工在获得物质保障的同时，还能在自我认同中收获经营事业的成就与满足。

对比不断体验失败的团队，那些能够不断成功、不断达成"巨石登顶"任务的团队更容易对工作形成正向认同。工作的意义正在于：个人通过帮助企业成功而获得自身的成功。只有"赢"能成就组织与个人的双赢。

这也是《腾讯工作法》的创作初衷，我们希望更多人能在理解企业目标的过程中更清晰地理解自身目标。

无论你是初入职场的新人还是已经摸爬滚打了半生的管理者，我们都希望你能重新"抽离"一次，跳出日常工作的窠臼，以更高的视野俯瞰这家"已经赢了19年"的企业，看看它的勃勃生机究竟从何而来。通过触摸它体内蜿蜒的脉搏，去感受这个飞速变幻、万象更新的数字世界。

第一章 工作基本法则：那些越早明白越好的事

做之前，先评估用户价值　/3

面对争议，声音大、位置高都没它管用　/7

完成"分内事"是信任的基石　/12

怎样才能为项目争取更多资源？　/16

提出批评、否定或建议前，需要做些什么？　/19

发邮件也是在做产品　/23

开会的本质　/27

PPT 悖论：重点是 point 有 power　/31

"不允许说什么事情在技术上做不到"　/35

当你认为领导比你更愚蠢……　/39

什么才是真正的"人脉"和"人缘"？　/43

聊聊职场"敏感话题"　/46

第二章 创新工作法：从用户出发进行价值创造

抄袭？模仿？微创新？ /51

用户投票决定产品是黑是白 /56

如何打破"免费魔咒"？ /60

精品来自常人难以想象的尝试和重复 /64

做与不做的"三问哲学" /68

先做最有把握的事 /72

"玩是一种生产力" /76

偷懒也是创意的来源 /80

像"蘑菇"一样思考 /84

以理服人不如以情动人 /89

腾讯人都是"追踪狂" /92

第三章 领导法则：怎样带出"战斗力"满格的团队？

打造团队士气的关键 /97

选对人才能做对事 /101

杰出团队并不都是牛人 /105

交代工作的方式决定你的领导力 /108

提升效率的管理圣经：把员工当用户 /112

"管"好新生代的N条法则 /116

让下属趁早犯错 /122

奖励就是要大张旗鼓、旗帜鲜明　/126

机会均等,支持"窝里斗"　/129

团队 VS 公司,谁的目标更重要?　/132

"参与感"不仅适用于营销,还适用于管理　/135

第四章　**组织与文化建设:最怕就是"纸上谈兵"**

文化不是纸面上怎么宣传,而是如何思考和做事　/141

文化支撑战略,因时而变　/144

做真正打动人心的事　/147

价值观是通过"拒绝什么"来体现的　/151

钉钉和微信对工作的不同看法　/155

"干将"多是自己培养出来的　/159

不想当将军的士兵也是好士兵　/164

帮员工解决"世俗"问题　/167

腾讯版"民间故事":是金子总会发光　/171

第五章　**面对失败和竞争:开放共赢,再造一个腾讯**

面子不重要,真话比较重要　/177

"认错"是从语言到行动的转变　/181

向对手学习,与行业一同进步　/184

感谢那些年的失败案例　/188

互联网时代,谁也不比谁傻 5 秒　　/192

最大的担心:"不了解年轻人的喜好"　　/196

开放不是态度而是能力　　/200

腾讯现在只有"半条命"　　/203

专注连接管道,融入传统产业　　/207

后记　　/211

致谢　　/219

第一章

工作基本法则：
那些越早明白越好的事

做之前,先评估用户价值

腾讯人最基础的工作意识是一种用户价值意识,用更形象的说法我们可以把它称为"企鹅意识"。

企鹅生活在南极,它们的觅食区域大部分被海上浮冰所覆盖。为获得南极磷虾、南极鱼等食物,企鹅们会先潜到深约 50 米的水底,顺着太阳的光源向上看,去寻觅那些躲藏在冰层下的猎物。长期海中觅食的经验令企鹅拥有一种天然的辨识能力,它们对捕食目标的反应异常敏锐,在有浮冰干扰的情况下,也能清楚识别自己的目标食物。

所谓"企鹅意识"指的是:腾讯人对用户价值的敏感度就和企鹅对食物的敏感度一样。他们会在动手做任何事之前,先想想自己做的事解决了用户的什么问题,是否创造了有益的用户价值。同时,他们也会把那些无关用户价值的事视为浮冰,选择尽量少做或不做。

管理大师德鲁克在《管理的实践》中谈道:"企业的唯一目的就是创造顾

客."顾客是企业生存的基础,只有不断创造用户价值的企业才能长久存活下去。这个道理早已成为企业界普遍认可的规律。可企业毕竟由人组成,到底"怎么做"才能让所有员工的目标与企业目标保持一致,这一直是企业管理领域的难题之一。

而在腾讯你会发现,这一目标管理的难题被一种近乎本能的工作意识给消解掉了——"以用户价值为依归"的理念渗透每个腾讯人的工作日常。腾讯人谈起用户来,热情得如同企鹅在追逐它们的食物。所有人在沟通时都默契地以用户需求为前提,只有代表用户的声音可以叫得最响,只有用户的问题可以得到第一时间的资源支持,只有被用户认可才是最大的赞赏……用户,用户,他们孜孜不倦工作的轴心永远都是用户。可以说腾讯人已然把"用户价值"内化成自己内心的一把标尺,做任何事之前,都会本能地用它量一量再行动。

我们接到某项任务后,如果只抓住当前可见命令做出回应,会立即陷入"如何实现"的细节中,很容易让自己变得越来越被动,长此以往则难免陷入"被工作推着走"的恶性循环,成为一个典型的"被动执行者"。这对我们长期的职业生涯发展其实是极其不利的。腾讯从不鼓励员工成为盲从者,相反,它希望员工保有自己的独立性,能深入地思考问题、发掘问题,进而做出创新。在工作的执行层面这一点体现为:接到任务时先评估其用户价值,再谈执行。

例如在产品开发工作中,某领导提出"XX功能很好,我们也做一个"时,腾讯产品经理的应对方式绝不是立即答应下来,以"领导需求"为由推动项目开发,而是不断追问领导产品的具体使用场景和期待该功能的缘由,再将这条建议作为用户反馈的一条仔细记录下来,通过综合分析给出一个最终反馈。

如果做——为什么?创造了什么样的用户价值?预期的用户使用情况如何?用户将会如何看待和比较我们的产品与竞争对手的产品?不做将给用户造成什么损失?

如果不做——为什么?这项功能会削弱用户对我们产品的认知吗?还是会给用户带来额外的不便?投入产出比过低?

因为信任彼此对"用户价值"的认同,所有问题都可以像这样摊开来讨论。在确定了"做与不做"的问题,达成一致意见后,通常才会进入到"如何做"的话题,继续讨论下述问题:

由谁来做?——谁是这项工作最合适的人选?

做到什么程度?——以什么作为目标和标准?

时间要求是什么?——紧急程度如何?当前资源是否可以满足时间要求?

......

基本上,上述问题构成了一个工作任务的认领模型。并且,不仅仅是认领任务,在腾讯内部,所有工作环节都可以套用类似的价值和步骤标尺去评估和执行。

也许有人会质疑:"不可能所有工作都能和用户扯上关系吧。比如发一封邮件、做一个会议纪要、回答一个问题这类琐碎的事情,难道也是在创造用户价值吗?"的确,很多日常的工作表面上和"用户价值"似乎关系不大,可只要试着换一个角度去看,事情就大不一样。

比如,我们来回答一个问题:谁是这些工作中的"用户"?

视角一换,答案立刻清晰起来。发邮件时,邮件的接收者们都是用户;做会议纪要时，所有与会者都是用户；回答问题时，提问者就是用户……大到策划一次活动，小到斟酌一句话的用词，所有工作细节都能体现我们的价值思维。如此，只要处理每项工作事务时都能清楚意识到"它将服务于谁"，并把相应用户的需求铭刻在心，就能创造出独特的"用户价值"来。

而这些用户价值会进一步带来什么呢？很明显，长期追逐用户所思所想的工作习惯有助于"换位思维"的形成。当我们能够代入对方的角色，以对方的立场和心态去思考问题时，团队整体协作效率必将大幅提升。从工作系统的角度去看，效率是用户价值意识的副产品，而效率提升则反馈到外部用户价值上——所有正向价值流最终殊途同归。

面对争议,声音大、位置高都没它管用

冲突无处不在,现如今企业正变得越来越多元化,企业内部个体之间的关系也变得日趋复杂,给企业造成许多潜在的争端。不可避免地,在企业内部的各个层面,存有许多的争议冲突,有着各种不同的个人或群体观点。

这些个人与个人、群体与群体之间为什么会产生观点的冲突呢?在现代社会,个性得以放大,每个人都相信自己的独一无二。这就意味着,本质上不会有和你一模一样的人。有不同就会有冲突,观点的争议冲突就更不用说了。

在企业内部,观点的争议冲突产生的原因有很多,主要和个人相关。成长环境不同,在性格、脾气和习惯上就有很多不同;天生理念和心理理解不同,从各个层级出发的观点和视角也会不同;扮演的社会角色不同,对利益和职责的追求就不同;包括在信息渠道的通常性、资源的分配和利用以及"帮派"团体利益等等方面,甚至端茶送水等鸡毛蒜皮的小事都可能让各人产生

不同的意见,从而带来争议。那么,企业在陷入因为个人相对局限而存在争议的冲突时,应该怎么去应对呢?

在互联网公司,争议更是时有发生,尤其在产品研究的过程中,冲突从不间断。好产品需要一个好概念,但产品从一个"idea"(想法)发展为一个成熟的产品概念,这个过程,需要团队的合作,发挥成员的脑力,展开头脑风暴,将一个想法变成一个饱满的概念。这种"大而全"的属性同样也适用于解决争议。头脑风暴的本质其实就是做囊括概述,将大家争议的点拎出来讨论,发挥团队智慧,拓宽思路。

在开发《天天爱消除》游戏时,天美工作室群①就曾采用"暴力拼图法"来拓宽思路,尝试着用各种图形去拼凑争议的想法,去验证争议的观点。如果有关产品的这个观点不行,就赶紧否决,进行下一个观点的跟进。

好的创意想法一定是碰撞产生的。很多时候,一个人想到了一个主意,自认为非常经典,但当大家一起讨论时,总会发现这个想法的不足之处。这样虽然会影响创意者的心情,但却是验证一个创意好坏、可行度高低的有效办法。

可以说,争议与冲突也是企业的生命之源。腾讯公司对市场先机的把握许多都来源于研发过程中的观点冲突。为了解决这些冲突,企业不断地去验证、尝试,满足产品开发,而在这个验证尝试的过程中,有时就会抓住市场的先机,研发出许多创新产品,使企业走在市场的前端。意见、观点的不同,有时也是进步的一种表现,所以要重视争议的解决。

面对争议,我们要用事实和逻辑说话,只立足于自身立场的观点,在面对争议时是站不住脚的。所以,面对争议提出观点,要参考数据、论证可行性,

---

① 天美工作室群(TiMi Studio Group)成立于2014年,是腾讯 IEG(互动娱乐事业群)旗下负责研发精品移动游戏的工作室。

然后将论证的意见逐层分析,形成结论,以支撑自己的观点。这就要求我们提出的意见有严密的逻辑性,也就是说,谁的论证更站得住脚,就听谁的。

腾讯作为一个互联网大公司,在日常工作执行和创新的过程中,都会面临很多争议,而解决这些争议,就需运用"金字塔原理",这也是腾讯内部培训课程里最受欢迎的课程。这个课程在腾讯内部运用的表现,大的方面可以从腾讯内部的论坛来看,小的方面就是腾讯的各个事业群的分布,从大小方面收集意见,加以论证。

什么是金字塔原理?《金字塔原理》(*The Minto Pyramid Principle*)的作者巴巴拉·明托(Barbara Minto)说:"金字塔原理是一种重点突出、逻辑清晰、层次分明、简单易懂的思考方式、沟通方式、规范动作。"

处理争议,整体处理观点,抓住中心点、中心思想,再从中心点或中心思想出发,有条理地发散思维,提出与其相关的观点,自上而下或自下而上地用垒金字塔的方法造出观点金字塔结构,全面覆盖争议的观点(如图1),使产品的设计能照顾大部分争议者,从而减少争议或直接避免争议。

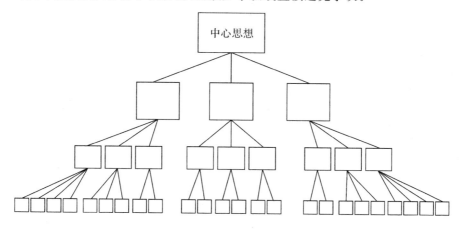

图1 从中心点出发组成金字塔结构

简单来说,金字塔原理是一种发散性思维,顶点是一个独立的中心,自上而下或自下而上地发散出多个层级,每一个层级都是对中心的一种解读或考量。在产品研发中,常常会运用金字塔原理去引导疑问,找出相关因素,这样会更严谨、全面和周到,分配任务和设计流程时也会少遗漏且少重复。尤其在有争议的时候,运用金字塔原理可以进行全方位的思考,最后论证出全面的解决方案,这也是一种有效的提升逻辑思维的方式。

《金字塔原理》一书中还提出,在具体运用金字塔原理的时候,要遵循MECE论证原则。

何为MECE论证原则?MECE,mutually exclusive collectively exhaustive,中文意思是"相互独立,完全穷尽"。也就是对于一个重大的议题,能够做到不重叠、不遗漏地分类,而且能够借此有效把握问题的核心并解决问题。

面对争议,我们要学会集合团队的观点,然后运用论证找到一条大家都能接受的观点。事实上,真正好的观点是经得起数据的推敲和验证的,而经过数据验证推敲后形成的观点集合,最终会组成一个完善的概念,也是大家没有争议的概念。

确立中心问题,运用MECE论证原则推敲时,能够做到最大限度的不重复和不重叠,形成一个各部分相互独立,所有部分完全穷尽的完整体。"相互独立"就是说所有的问题细分都是在同一个维度上的,并且有明确的区分和不可重叠性;"完全穷尽"则意味着对问题全面而周密的剖析,对问题的方方面面都展开讨论,一层一层地剖析。

MECE论证原则在运用上有两个方向。第一个方向,首先要确定思考的问题,确立讨论的主题;其次,寻找各个切入点,这样就可以进行各种充分的设想,如需求、关注点、疑问等等;再次,细分再细分,对各种疑问、冲突、答案进行一次次细分，从而找出其间的逻辑关系；最后，检查是否有遗漏或重复，可以提出问答式的对话。

这样自上而下层层分解的原则一方面可以使争论的各方都找到满意的答案，另一方面也弥补了个人的局限性，让整个项目的所有因素呈现得更加完整，有助于相关人员通过分析得出关键的问题以及初步解决问题的思路。

第二个方向是结合头脑风暴法，列出现有的资源和问题，发挥个人的作用，集合出各项之间的逻辑关系，然后进行分组、归纳、比较，最后得出结论。

争议并非坏事，企业内部争议的产生若是从另一个角度来看，其实也是一种自我论证的体现。正是有了这种自我论证，个人才会给企业带来更多生命力。而金字塔原理就是将个人带有生命力的争议转换成理念，集合成一个完整的概念，形成企业的一项工作法则，最终成为企业市场竞争力的一部分。

完成"分内事"是信任的基石

高级企业管理顾问、著名领导力讲师蒋巍巍曾提到这样一个说法:在一个团队中,团队成员间的信任度和团队绩效几乎是成正比的;并且在通常情况下,信任度越高的团队,绩效也会越高。在企业管理中,领导者通常非常重视团队信任机制的构建,几乎每一个有经验的团队领导者,都会想办法在自己的团队中完成信任机制的建设。

但"信任"二字实在过于考验时间和人了,信任不仅需要时间的沉淀,也需要人与人之间足够的了解,甚至彼此形成一定的交互关系,才能慢慢滋生信任的情感因素。如果想要在日常的团队工作中建立信任机制,不妨考虑从以下几个方面着手。

第一,做好自己的分内事。工作虽有分内分外之别,但是就整体利益而言,都是属于同一企业内的事情。

作为一名合格的企业员工,不管身处何种岗位,都应该为企业利益、集体利益做出自己的贡献;对那些本就该你负责的"分内之事",更是应该尽职尽责地去完成。要知道干好自己的分内之事,既是对自己能力的展示,又是对团队其他人员的尊重和负责。概括起来完全可以这么定义:在职场中,完成分内事是同事间信任的重要基石。

因为在团队工作中,每个人的工作都是环环相扣的,在你负责的环节出现了问题,势必会影响到团队的其他人,以及团队整体的协作成效。

第二,懂得适当的宽容。常言道"金无足赤,人无完人",犯错大概是人们最羞于承认,但又无法避免的一大"职场尴尬"了。当身边的同事犯错了,你会怎么处理? 是板起面孔严肃批评,甚至指责对方? 还是给予他一个宽容的微笑,安抚对方惶惶不安的情绪,鼓励其继续努力?

很多人往往会忽略职场中的宽容。然而宽容既可以体现一个人的胸襟,又可以透露出他的处世智慧。轻松和谐的职场关系也更有利于工作的进一步开展。

当然,宽容绝不是纵容,或者无原则地宽大。一切宽容都必须遵循一定的规章制度和道德规范。实际工作中,一个优秀的领导者往往明白宽容与赏罚分明的平衡之道,一个优秀的职场人往往知道如何打造利于自身的地带。

第三,牢记团队比个人更重要。在一个团队中,每个人都是重要的,无论是领导者还是普通员工,都是不可或缺的。在面对身边的其他团队成员时,应在沟通和协调的基础上以大局为重。

可能有人会提出"林子大了,什么鸟儿都有"这样的言论来反驳刚刚提到的观点,的确我们也不得不承认在当下一些大企业中,确实存在类似同事之间"内斗",甚至"各自为政"等管理乱象,最终也确实导致企业效率低下的严重后果。但管理的本质在于管事,而不是管人。想要做好团队管理,把团队中的事情管好就可以了。"管好事"的状态是这样的:团队目标清晰,团队工作流程设计合理,运行透明,落实具体任务要求定岗定责,团队人员之间沟通良好,大家协同作战。

这里,我们讲两个腾讯内部的真实案例:腾讯有非常有意思的"故事墙"文化和站立式会议制度。腾讯人会在一面墙上统一将团队目前所负责项目涉及的每一个环节分别用不同颜色的纸片展示出来,黄色代表功能需求,蓝色代表技术任务,红色代表 bug(漏洞),纸片上的内容包括任务、执行人、工作量和计划完成时间等信息。每个任务的优先程度则是根据纸片自上而下的位置而定,在上的为高优先级。

通过"故事墙"的任务展示,将项目信息完全透明和可视化,让团队成员每天都可以清楚地看到项目的进度,每个任务要实现的功能,以及项目的瓶颈和问题,以此帮助团队成员达成更加高效的协作。

至于站立式会议制度,则是为了帮助团队营造一种全新的沟通氛围,缩短会议时间,提升会议效率。试想一下,大家站着围在一起,有说有笑地就把一个需要在传统会议室里讨论很久的问题聊完了,这感觉是不是很棒?

据说"故事墙"文化和站立式会议制度建立的初衷是帮助某个游戏团队改变懒散、效率低下的状态。当时,这个游戏团队里有人提出在办公室大门边的一面墙上写上"Ready(准备)—Play(开发)—Test(测试)—Done(完成)"四个栏目,然后让大家将自己目前所做的事情和接下来即将做的事情分别填在各个栏目中。

通过对比分析"故事墙"上的任务分布情况,团队领导者很快发现:很多任务已经在 Play 栏里了,但 Ready 栏内容严重不足,尤其是竟然没有一张代表功能需求的黄色纸片! 也就是说,这个团队的开发资源是足够的,但与开发匹配的策划设计资源则严重缺乏，从而导致整个项目遭遇当下的瓶颈。

看到这样的场景，策划设计人员自然就得在没有任何人敦促的情况下抓紧做需求研究，被"故事墙"赶着走了。

在设计部门进行自我分析和总结时，他们又发现自己的问题跟前台技术支持有很大的关联，于是又变相地促使前台技术部门加紧工作步伐。就这样，通过团队自发地不断找到项目瓶颈，自动消除瓶颈，项目过程不断优化，"故事墙"仅仅开展四个星期，团队效率就提升了近三倍，团队的满意度也随之上升了。

推行站立式会议制度之后，每天早晨，团队成员被要求花 5 分钟时间一起围着"故事墙"讨论项目进展，沟通彼此的信息和困惑，然后根据自己的任务情况去 Ready 栏领取任务，任务完成后将纸片移到别的栏即可（认领—完成—确认）。这样领导者也不用再单独给每一个成员安排任务了。一个员工曾对此感慨道："自从有了'故事墙'和站立式会议，如果墙上没有自己的任务，或自己的任务优先级不够，压力就巨大，而且很丢人，不得不努力加班加点。"

当"故事墙"上待完成的任务纸片越来越多，且功能需求（黄色纸片）越来越多，说明团队对用户的研究越来越深入，从事的改善工作越来越多；同时bug（红色纸片）越来越少，说明随着产品信息的畅通透明，返工任务越来越少，团队实现了高速有效的运转。

在促进团队高效地沟通和运转的同时，同事间的信任机制也就逐渐建立起来了。

怎样才能为项目争取更多资源？

众所周知，一个项目的成功，除了项目经验和团队配合之外，起决定作用的还有项目所匹配的资源组合。但在实际工作中，当我们向领导申请资源时，却有可能遇到申请被领导驳回的情况。

你是否想过这样一个问题：为什么你的申请会被领导驳回呢？同一团队中，如何才能为自己手上的项目争取到更多的资源呢？

当你产生这样的疑问时，我想你应该是有过类似的经历了，并且也在试图寻求一个可靠的改变之道。这时候，你应该已经懂得了"资源永远是有限的"这样一个道理，并且你也即将明白：如果你想要获取更多的资源，就必须展示足够的工作能力，证明自己是值得匹配更多资源的。毕竟在同等情况下，资源永远会被优先考虑给到那些最有希望将其发挥到最大价值的人手中，以实现资源的最大化利用。

一般情况下，一个项目想要获取优势资源组合，要么是项目团队实力强，领导十分重视这个项目；要么是公司同期资源相对充裕。

但在实际工作中，公司的资源通常是紧张、有限的，只够满足部分项目需求，所以大家必须通过竞争的方式获取更多的资源。以下有几点经验，供各位参考。

一、正面地、技巧性地向你的领导申请资源

一般情况下，公司都处于多个项目同期开展的状态，几乎每一个项目都希望从公司拿到更多的资源，尤其是那些珍贵的稀缺资源。但公司资源有限，而且也不可能将所有的人力、物力和财力全部投入到一个项目当中。

所以，向公司申请资源时一定要及时，甚至是提前，理由要足够充分，最好是项目和资源本身就存在较高的匹配度。并且当你向领导正式提出申请时，一定要打动领导的心，努力把握住机会，毕竟通常针对一个项目，领导只会给予一次机会。

二、时刻记得通过小成果一步步证明自己

试想一下，如果你以往经手的项目都能出色地完成，并且你又能很好地照顾到项目组成员的荣誉和奖金，那么，公司的领导和同事又有什么理由不信任和看重你呢？

这个世界终究还是遵循着"物以类聚，人以群分"的客观规律的，你自身优秀、强大，自然就会吸引一大批优质资源相伴，你的工作也将顺其自然地进入一个良性的循环。只有一步步通过积累小成果，不断地证明自己，才能最终获得操刀大项目的机会。

三、注重对得力干将的培养，给自己创造更多的晋升可能

永远不要担心你的下属会超过你，更不用担心他们成了项目领导后你该怎么办。如果你在项目组成员之中培养了一位新的项目经理，你的领导自然

17

会对你另眼相待,并且会认为你很有管理和领导才能,那么接下来,你的职场上升空间就更大了,可以争取的资源也就更多一些。

当然,如果你的能力被屡次证明不行,你的资源也会变得越来越少,直到最终你的项目面临被其他项目兼并的命运。

这一点,腾讯微博就是一个典型的例子。在腾讯的组织架构中,前后经历了职能制、业务系统制、事业群制三个阶段,并在 2014 年进行了一系列重大的组织变革:2014 年 5 月 6 日,腾讯宣布成立微信事业群(WXG),并撤销腾讯电商控股公司,将其实物电商业务并至 2014 年 3 月刚刚入股的京东,O2O 业务并至微信事业群;2014 年 7 月撤销网络媒体事业群(OMG)的腾讯微博事业部,10 月调整互动娱乐事业群(IEG)自研游戏组织体系……

在这次组织架构的调整中,腾讯首次将微信由一支产品团队升级为战略级的业务体系,并赋予了微信在移动互联时代战略转型与业务持续增长的重任。

角色的转变,自然给微信带来了更多的流量和资源,同时也把原来企图与新浪微博一较高下的腾讯微博这个项目最后的资源全部分发出去了,整个腾讯微博项目组都被撤销,再也不复存在了。

提出批评、否定或建议前，需要做些什么？

当一个人在工作中遭遇逆境的时候，难免会产生负面情绪。这些情绪的产生有很多原因，可能来源于领导的责备，可能是同事之间有矛盾，也可能是因为被降职或开除，等等。情绪是可以传染的，不光影响自己，也影响他人，使自己身边的人也和自己一样惴惴不安，心有起伏。

人都有一种心理，犯错了就偏向于从他人身上找原因，不会一开始就认为自己有错，容易冲动、暴躁。而这样的结果就是在起伏的情绪影响下，自己的工作进度和工作效率受到很大的影响。

通常其他人对待携带负面情绪的人有两种情况：一是被他的负面情绪影响；二是厌恶这个人，渐渐疏远他。不管是哪一种情况，带有负面情绪的这个人的结局都不会太好。

生活中难免会犯错，有矛盾，因此，受到指责也是在所难免的。可能有上下级领导的指责，可能有平级同事的指责。但是，当你抬起手指责别人的同时,不要忘了,还有三根手指是朝着自己的,自己也是需要反省的。俗话说得好,"一个巴掌拍不响",在埋怨指责他人的同时,也要自我反省。把错误梳理一遍,发现其中的问题,再去沟通、交流、处理,而不是一味地指责、埋怨别人。

沟通是人与人之间、人与群体之间思想与情感的传递和反馈的过程,以求思想达成一致和情感交流的通畅。在腾讯,大家解决问题的方法都是沟通,最常用的可能就是邮件沟通,发现什么问题就及时用邮件交流,问题的症结全在邮件里快速显现;而不是口头上的随意交流,有什么想法先一通说,没有搞清对错就发表评论。

否定别人的时候,首先应该把逻辑搞清楚,发现别人的错误,有理有据地去沟通交流,寻找问题的解决方法,而不是进行无效沟通,说一堆别人也不知道什么意思的话,或一直没有理论根据地进行反驳,又拿不出证据来让人信服,闹得大家不愉快。所以,沟通很重要。

首先,沟通是为了解决问题。在职场上,因为内部沟通不畅而离职的人大概有 60%。缺乏沟通,容易产生隔膜。无论是父母、亲戚之间,还是朋友、同事之间,有效的沟通能够解决很多问题。但在生活中,有 80% 的沟通都是无效的。那么,如何进行有效的沟通呢?

有效沟通分为以下几个步骤:

1.发现问题;

2.思考解决方案;

3.验证方案(根据实际情况);

4.进行沟通。

当你做错事情受到上级批评的时候,切记不要忿忿地认为错误都在他人,自己没有犯错。这个时候你应该思考:为什么会产生问题?这个问题出在哪里？并且，当你觉得下级或同事做了你认为不正确的事时，也不要直接拍拍对方的肩膀做出否定，而是要去思考：为什么不正确？我能肯定它绝对错误吗？提出问题后，应该先思考它的解决方案，而不是揪着犯错的人不放。

如果有条件，应该先验证自己看到的问题的真实性，验证之后若是发现自己认为的错误其实只是思考方式上的错误，那么这个问题就没有必要提出来了。如果没有办法进行验证，那么直接进入下一步，去沟通吧！

向上沟通要有胆，平行沟通要有肺，向下沟通要有心。沟通也是一个技术活，要重视沟通技巧的培养。为了避免沟通不及时而造成的不必要的损失，要重视沟通。

下级执行人员要重视沟通，遇到问题要及时和上级领导沟通，以免错误理解上级的命令，误解布置的任务，错误执行了工作内容，造成不必要的损失；上级领导人员要重视沟通，应主动关心自己的下属，关注工作的进度，而不是把任务分配下去后就撒手不管，否则等你回过神来的时候，任务已经因各种原因一塌糊涂、无可挽救了。

腾讯就有过这样的案例。在一开始开发"天天"系列游戏时，其实《天天连萌》和《天天爱消除》的起步时间是一样的。但因为《天天爱消除》开发效率高，高层非常关注，经常试玩后提很多意见，也就督促着游戏开发人员时刻紧绷，认真执行项目。

而《天天连萌》呢？高层对其的关注相比《天天爱消除》少，对游戏开发的督促少，游戏出现了很严重的进度拖延，直到开发三个月后才进行内测。更糟糕的是，质量还没有达到要求，游戏品质较差。由此可见，及时沟通是多么重要。

根据不同的对象，沟通的方式和场所应是不同的。比如需要大家集中讨论的问题,沟通的场所应该选择在会议室,以会议的方式来讨论;如果是单个对象沟通,通常采用的是邮件或私下面谈的方式;而对员工进行褒奖时,私下面谈一般可以选择一些让人放松的场所。

还有,沟通时要记住互相尊重。不能进行人身攻击;要让对方感受到你的真诚,不真诚的沟通很容易被认定为挑衅。而关于真诚的沟通,需要注意三点:第一,说话的时候要注意逻辑分明;第二,不要用太多否定性的话语;第三,控制你的情绪。这些都是真诚沟通必备的要点。

那么,如何提高自己的沟通能力呢?

1.说明事实;

2.加上观点;

3.尽量简洁;

4.表达清晰。

最后,懂得如何沟通之后,同样地也应该懂得如何倾听。正确的表达和倾听才能建立更加和谐友好的关系。沟通是双向的,是你来我往的交流方式,而不是一个人单方面的表达。关于这点,我们可以学习"2F原则",参考"ASH模型"。"2F"是指 fact(事实)和 feeling(感受),即大家要重复确认自己听到的内容,要对对方的感受有所回应。而"ASH模型"有三大侧重点:acknowledge——接受对方的情绪,share——分享自己的感受,help——提供足够的支持。

发邮件也是在做产品

    每个公司都有自己内部的交流方式,比如说当面沟通、微信沟通、电话沟通、发邮件等。每种交流方式都有自己的优缺点,如果搭配着使用,效果会更好,不过这里主要讲的还是关于邮件。很多公司推行邮件文化,特别是外企。邮件能让人清晰、有条理地表达出自己的想法,节省不必要的交流时间,尤其是在一对多人的时候,群发邮件比微信、QQ 沟通更正式、更有效率,且能留底保存。

    邮件的便利性很强,但发邮件也没有想象中那么简单。给公司同事发邮件,不管他是你的上级、下级或者同级,你都不应该随随便便传个文件或写几句话就完事。如果你这样随意地对待邮件沟通,只会显得你的态度不端正。

    同事之间发邮件多数都是为了沟通工作,这个时候就应该用正式的书面表达。发邮件其实也是做产品,需要认真负责,而不是随便了事。专业、认真的态度,才能给对方留下好的印象。在什么样的场合就应该说什么样的话,这样才是认真做产品的态度。

认真的态度会让你的效率不断提高,做事事半功倍。那么如何认真发邮件呢?

首先,要确定邮件的主要收件人是谁,要抄送给谁,又有哪些人会阅读这份邮件。例如你给自己的下属发邮件,分配任务的时候,要清楚任务分配的对象,是给单独一个人分配任务,还是给一个团队分配任务。明确之后,在邮件的开头就应该有一个称谓。

其次,要清楚发邮件的目的是什么。比如这样一个发邮件的流程:(1)分配任务;(2)陈述成果,汇报任务;(3)与同事讨论,分享有价值的文件、信息;(4)申请批准;(5)奖励或者批评。不管是发哪一类的邮件,都应该思路清晰、条理分明地把它们表达出来。这里可以用到逐条列明的方式,而不是随随便便写几个字,含糊表达,让收件人感到云里雾里,不清楚你要表达的意思。这样的邮件既不能表达出你的想法,也是对双方时间的浪费。

根据个人习惯,多数人认为越前期的工作越重要,这就使得在执行任务的时候,多数人会从头开始做起。事实上,情况与想象的有些不同,也存在重要工作在后期的情况。所以,我们应该对自己的邮件进行"产品设计"。邮件设计要注重以下几大板块:

一、标题

应该在标题中写明你所要表达的主题,这里用使动词最佳,最好能一句话概括你要表达的内容;若是要发送资料,也不要干瘪地写"会议资料""仅供参考""周报""报表"之类,这样的标题会减弱阅读者的阅读欲望。

标准的格式应该是"时间+地点+人物+明确的目标(可以是请求,也可以是会议名或资料名称等)"。这样,你才能明确地让对方知道你所发送的内容是什么。另外，在必要的时候，还可以加上"紧急"之类的字眼，或者任务的时限。若是非常紧急的内容，也可以在发完邮件之后电话沟通，以免对方不能及时看到邮件。

二、内容

除了上面所说的直接罗列内容的方法，其实还可以用多种形式表达，比如图表、有格式层次的文字、无格式文字。在这里，越能清晰表达内容的形式越受推崇，做个排列的话便是：图表＞数字＞有格式层次的文字＞无格式文字。

但要注意，在表达内容的时候尽量不要长篇大论，应该简明扼要。特别是在写英文邮件的时候，要注意表达清晰，不要有歧义；语法和拼写一定要正确；慎用缩写和简拼。

为什么要这么重视内容？要知道，邮件沟通并不仅限于内部成员之间，联络客户也会用到邮件的方式。面对客户，你代表的就是公司的形象，一封优质的邮件能够起到加分的作用。

周到、认真、负责的态度也很重要。比如在写完正文的内容之后，也可以根据情况添加上"请阅后 24 小时内回复""仅供参考，可不必回复"等提示语，与收件人沟通。在提示语处理这方面，你还得明确邮件的收件人是谁。一般来说，有三类收件人存在：收件人——默认要求回复；抄送人——可以不回复；密（暗）送——不应回复。

在做完这些之后是否就可以直接发送了呢？不是的。建议在文章的末尾加上自己的签名，可以是一段文字，也可以是一张图片，应包括自己的名字、职位、联系方式。内容简单明了，要让人一眼知道你的信息，避免繁复，以造成喧宾夺主的感觉。

三、回复

从礼貌上来讲，邮件中涉及的人都应该回复，并且包含原文。除非是密送的人，否则都应该表态。

四、已读回执

一封邮件发出去，对方是否打开过、是否阅读过，这很重要，毕竟你发的不是垃圾邮件，也不是群发内容。如果发送的邮件收件人并没有阅读，那这封邮件就是毫无意义的，对方并没有接收到你所要表达的信息。

细节决定成败，只有把控好了细节，才能更好地走向成功。在写邮件的时候，尤其要注意小细节。一封邮件发出去，说小了是代表自己的形象，说大了是代表公司的形象。打造公司邮件文化，有利于公司中上级和下级的平等交流，减轻当面沟通的压力，让公司内部更加扁平化、更加和谐。

开会的本质

　　《圣经·旧约》上说：人类的祖先最初讲的是同一种语言。他们在底格里斯河和幼发拉底河之间，发现了一块异常肥沃的土地。于是就在那里定居下来，修起城池，建造起了繁华的巴比伦城。后来，他们的日子越过越好，人们为自己的业绩感到骄傲，他们决定在巴比伦修一座通天的高塔，来传颂自己的赫赫威名，并作为集合全天下弟兄的标记，以免分散。因为大家语言相通，同心协力，阶梯式的通天塔修建得非常顺利，很快就高耸入云。

　　人类很早之前就学会通过达成共识来完成工作。为什么要达成共识？共识对团队的运行具有重要的作用，组织有了共识才会有行动力，团队共识是发挥团队战斗力的重要手段。俗话说："众人拾柴火焰高。"工作中，如果大家没有达成共识，很容易"窝里斗"。没有好的工作氛围，大家不会团结协作，这会导致军心不稳、团队涣散，而涣散的团队是企业市场竞争的一大阻力。

　　管理学家彼得·德鲁克说："我们之所以碰头，是因为要想完成某一项具体工作,单凭一个人的知识和经验不够,需要结合几个人的学识和经验。"这个时代是一个急剧发展的时代,信息更迭迅速,竞争愈加激烈。这就要求企业在战略、原则、理念、愿景等人的方向上有更好的把控,要在组织内建立共识,使大家"劲往一处使"。

为了把控大方向,企业组织想出了一个绝佳的方法,即开会讨论。只有通过会议交流信息,合作分享,才能更好地把控工作的进度,这也是一般的私下讨论或部门交流达不到的效果。

开会是为各方在大方向上的沟通提供尽可能多的机会,但其实开会的目的并不是沟通本身,而是为了让大家达成共识。成功的会议不但会议时间控制合理,与会人员也会相互配合,会议的内容和过程公开透明,不会遮遮掩掩,会议结果明确有效,大部分与会人员可以通过会议达成共识。

从会议组织者来看,首先需要考虑会议的举行是否必要。职场是一个大混合体,每时每刻都会有各式各类不同的问题,是否每个问题都需要开会来解决呢?当然不是,有些问题是不需要开会的,为琐碎小事开会其实是一种资源的浪费和机会的错失。但是像跨部门合作、公司战略把控、原则确立等等相关事宜,能说不需要开会吗?

所以要明确会议组织者开会的目的,确立值得的、可执行的会议目标,让与会人员能够尽快明白会议的战略方向,尽快达成共识。罗伯特议事规则第一条"动议中心原则"指出:"动议是开会议事的基本单元。"动议者,行动的提议也。会议讨论的内容应当是一系列动议,它们必须是具体、明确、可操作的行动建议。先动议后讨论,无动议不讨论。

会议的组织者要把控会议流程,与会时间一般不宜过长,组织者要懂得收敛,在固定的时间内完成开会目标,对进程有把控,通过一定的规则去完成事情。罗伯特议事规则就很好地指出了把控会议流程——"主持中立原则":会议主持人的基本职责是遵照规则来裁判并执行程序,尽可能不发表自己的意见,也不能对别人的发言表示倾向。

"机会均等原则":任何人发言前须示意主持人,得到其允许后方可发言。先举手者优先,但尚未对当前动议发过言者,优先于已发过言者。同时,主持人应尽量让意见相反的双方轮流得到发言机会,以保持平衡。

"发言完整原则":不能打断别人的发言。每人每次发言的时间有限制(比如约定不得超过两分钟);每人对同一动议的发言次数也有限制(比如约定不得超过两次)。

"一时一件原则":发言不得偏离当前待决的问题。只有在一个动议处理完毕后,才能引入或讨论另外一个动议。

这些都是使用规则来给会议保驾护航,使会议更高效透明,因此共识的产生需要一定的规则。

最后,优秀的会议组织者还会考虑会议的思维发散。一成不变的条条框框对组织成员并不是有益的,在很多时候会局限成员的想象力。为了发散与会者思维,会议组织者可以在会议中设定角色,与其他人配合,共同来发散所有成员的思维。有时在会议中提前放进设计了的角色,也是推进会议进行的一种手段,有利于成员挖掘新点子,展开头脑风暴进行想象。

会议的展开一方面是为了让组织者了解参与者的想法,另一方面也是让参与者相互了解,增进共识。参与者在会议中就事论事,尊重沟通规则,形成了一种对事不对人的氛围,虽然会议的进行过程中可能存在"剑拔弩张"的情况,但也正是有了这些讨论,才更容易让他们快速达成共识。

腾讯内部就经常通过会议来制定一些变革的方案。这些方案不全是由专家提出的,也有一些员工在会议上相互 PK 的身影。头脑风暴碰撞出的火花,有时可以解决许多平时讨论但悬而未决的事情。

在会议上产生共识,再去执行处理,会比私下的讨论研究更高效有序。很多人都有这样的心理,当一件事情大家都达成共识,在会议上提上议程,那么执行者的重视程度会更高。从某种意义上来讲,会议会制造一种仪式感,让人更严肃地去执行。

PPT 悖论:重点是 point 有 power

《"白骨精"养成记》中的丁晓说:"我告诉你一点,如果你想在职场上生存下去,就必须学会表达自己,不要去管你所要表达的内容是对方知道的,还是不屑的,甚至是怀疑的,只要你觉得你将要陈述的事情和表达的观点对你自己有好处,就一定要大胆说出来。因为只有你表达出来了,才能让人了解你,才能为自己争取来机会。"

我们经常说 point(观点)要有 power(力度),但是很多职场人连 point 都没有,更别说 point power。我们总以为别人很懂我们的想法,其实可能他们什么都不懂。"我以为他什么都知道,结果他什么都不知道。"这就是职场的大忌。

因为沟通的不畅产生了信息的不对称,信息的不对称导致对个人的了解成了只知表面甚至未知,而这一切,就是因为对个人观点表达的忽视或表达方向错误。职场上自身观点的建立十分重要,它是在职场中传递个人意见的一种手段,也是建立个人品牌和影响力的一种方式。

个人在传递观点时,一定要遵守"内容大于形式",不要过多追求用华丽的辞藻来堆砌自己的观点,要切实抓重点。很多人在表述自己的想法时没有point,说了半天都不知道在说些什么,观点的说服力也没有power。

有些人过于注重形式,忽略观点本身的内容,导致沟通交流没有达到预期的效果,在别人心中也没有留下自己的个人品牌。没有自己的个人品牌,就容易缺失自己的竞争力。通常,花哨的表达不如直接切入重点来得实在。

那么如何更有效地表达自己的个人point呢?现在有许多企业,开会时喜欢用PPT辅助演讲。其实对于产品的介绍,我们不主张任何时候都使用PPT,有时候过于形式化的表达反而会造成累赘,而PPT就是一个形式化的产物。过于追求形式化,会导致忽略内容观点的有效表达,这也是很多人不爱用PPT的一个原因。明明是一件很小的事情,非得用正式的PPT来表达,反而会引起反感。

举个例子,你向别人介绍自己家时,明明可以一句话就说清,你非得做一个PPT来介绍,包括房子的来源、房价、面积、装修风格、周边环境等等,这就显得很多余。尤其在紧张的工作环境中,更多人考虑的是自己的工作效率会不会被PPT讲述所拖累,听众是不愿将自己的时间花在无关紧要的事情上的。

一般情况下,在不需要正式表述的场合里,无须采用正式的表达形式。过分注重形式,会影响对内容的打造,在表达沟通中,就会缺乏说服性强的观点。腾讯人就是这样,对于PPT的使用持冷静态度,除非正式场合,一般不采用PPT来表达和沟通意见。

那么究竟在什么时候使用PPT呢?不主张使用PPT,不代表任何时候都不使用 PPT。关键要懂得斟酌，要看场合来选择自己的表达方式。正式场合传递意见需要用到 PPT，这样才能向对方展示重视感。

在制作 PPT 时，要特别重视内容的支撑。例如内部的培训和跨级别的汇报都需要用到 PPT，在正式场合里，形式感的表达是不可或缺的。但是采用 PPT 来传递意见是要重视内容的构造的，还是要遵循"内容大于形式"的原则。PPT 只用一堆漂亮的图表堆砌是不行的，漂亮并没有实际效用。

领英（LinkedIn）的创始人雷德·霍夫曼（Reid Hoffman）在 2013 年的宣讲会上，向当时在座的各位公开了他向 Greylock 基金寻求融资时做的 PPT，这个 PPT 后来被人们称作"字字千金"PPT。但若是说这个 PPT 有多好看、多有吸引力，它并没有。雷德·霍夫曼设计的这个 PPT 可以说是一个毫无美感、看着杂乱还缺乏设计感的 PPT。但是这样的 PPT 在最后还是成功地帮他拿到了投资人提供的 1000 万美金 B 轮融资。

究其原因，是雷德·霍夫曼的 PPT 虽然看着凌乱、没有美感，但是内容呈现却是完美的，观点有理有据，脚踏实地不虚浮。内容是投资人最看重的东西，对宣讲的对象来说，PPT 是否美观好看，是否设计独到，都不是最重要的。

美观的 PPT 确实会给宣讲加分，但投资人关心的重点还是内容。很少有投资人会被那些徒有其表的东西迷惑，投资人是理性的，不可能因为外观好看就给你投资。

正式场合中成功的宣讲，一方面依赖于 PPT 内容构造的务实性，另一方面也离不开个人品牌。内容可能是大同小异的，如果你的对手也重视内容的架构，那么要使自己在这场竞争中取得胜利，更重要的就是个人品牌的对决。

雷德·霍夫曼向 Greylock 基金寻求融资能成功，还有一个很重要的原因是 PPT 的宣讲者即霍夫曼本人,而不是别人。在那时候,雷德·霍夫曼被称为"人脉王",早已是硅谷著名的天使投资人之一了,其个人品牌已经让投资者产生了信任。有时候,个人品牌会凌驾在内容之上,那也是最高级的竞争力。

"不允许说什么事情在技术上做不到"

斯坦福大学电机工程研究院的顾问教授弗雷德·吉本斯(Fred Gibbons)曾对他的学生们讲过苹果手机"一个按钮"的故事：据说最早的苹果产品设计也是有很多按钮的，但乔布斯对此特别不满意，他个人极其崇尚极简主义，认为能做简单的事情就一定不能复杂化。他对开发研究苹果手机的同事要求"只做有一个按钮的产品"，这在当时是一个异想天开的想法。那时，市场上没有哪款手机只有一个按钮，研发手机的同事当即说无法开发只有一个按钮的手机，和乔布斯发生了激烈的争吵。

对于乔布斯的坚持，当时很多人都觉得他简直太疯狂了，他的要求在技术上根本做不到，手机怎么可能只有一个按钮？那时就有人问乔布斯："这个世界上有什么东西是只有一个按钮的?"气急败坏的乔布斯就带着整个项目组的人去了卫生间，用手指着马桶说："我只要一个按钮。我再说一遍，我只要一个按钮。"

在乔布斯眼里,很多事情都可以用技术来解决,只是人们不愿意去大胆想象而已。这世上有很多种解决困难的方式,困难也只是一时的,永远不要否定自己和他人的能力。如果乔布斯在当时不坚持意见,现在的我们还能看到苹果手机的 Home 键吗?

挑战、尝试有时会带来许多意想不到的收获。这件事情你都没有做,就断定自己不能完成,这是一种懦弱。尤其在产品研发设计中,不允许说什么事情在技术上是做不到的。你都没有尝试,怎么就知道不行呢?

有这样一句话:"有些门是掩着的,你要走近推推;有些门是关上的,其实没有上锁,你要走近看看;有些门看似锁上了,其实锁一拉就开;有些门确实锁得很紧,但门的旁边还有门……不要远远观望,就做出臆断;很多事情不要还没行动,就告诉自己不行。"

很多人在工作中遇到困难,会常常给自己找借口,说没有足够强悍的个人能力就做不到。但事实真的如此吗?再讲一个小故事:

一个小孩搬石头,父亲在旁边鼓励:"孩子,只要你全力以赴,一定搬得起来!"最终孩子未能搬起石头,他告诉父亲:"我已经用尽全力了。"这时父亲却回答:"你没有拼尽全力,因为我在你身边,你却没有向我寻求帮助。"

这个故事告诉我们,对实现问题的边界判断不能只基于自己的个人能力,一旦自我能力不足时,要学会变通处理问题,可以放大到整个组织的能力中去看,要学会利用身边的资源。

有的管理者习惯从自我出发,忽略了团队力量,这是非常危险的。面对一个有难度的项目，由于自己很难做成，于是就断定团队也无法完成，产生畏难情绪，导致项目失败，这样的情况时有发生。在遇到难题的时候，不要只考虑自己的能力，而是要留心身边的资源、团队的力量。很多时候，整合资源才是管理者应该做的事情。

一旦自我能力不足就对项目的开发前景进行否定，这样的管理者恐怕难成大事。千万不要忘了，团队的力量不容小觑，"三个臭皮匠，顶一个诸葛亮"。

腾讯CEO马化腾是一个固执的人，但同时也懂得变通，擅于利用身边一切资源来解决问题。在他的职业信条里，他亦不允许说什么事情在技术上做不到。有一个腾讯的邮件故事可以看出马化腾的执着与认真。

一次，马化腾要求他的一位员工在页面上加上某种锚标功能，这样就能使用户操作更加便利。当用户对页面特定区域进行复杂操作之后，页面能够返回到原来触发动作的位置，免得用户从头再翻。

这位员工询问了技术人员，技术人员回答说："这根本实现不了。"于是，他就通过邮件回复马化腾："这在技术上不可能实现。"大约过了两分钟，马化腾回复他："你说什么？"这位技术人员意识到自己说错了话，就回信给马化腾："抱歉，我们去想办法。"

过了一阵子，马化腾回了一封长信给他，在信中的第一段就告诫他："在腾讯不允许说什么事情在技术上做不到。"然后，给他列举了三四个部门里的HTML（超级文本标记语言）高手，列出了他们的名字和GM（游戏管理员）姓名，要求这位员工直接联络他们，请求他们给予技术上的支持。结果是，马化腾给他列的这几位高手通过群策群力，确实完成了任务。

一件事情在技术上能否做到，与执行人自身的职业技能和其变通思考的能力息息相关。完成一件看似不可能的事情，首先要敢于尝试，只有踏出那一步,你才有资格评判整件事情。其次,对实现问题的边界判断也不能只基于自己的个人能力,要放大到整个组织的能力中去看,要学会利用身边的资源,团队的力量往往超乎想象。

当你认为领导比你更愚蠢……

很多初入职场的新人都曾有过这样的经历：领导布置了一个任务，要求你务必完成，但其实你内心并不认可领导的安排，甚至觉得领导布置的任务是不合理的。这时，你会怎么办？是当场直接反驳领导的安排，勇敢地说出自己的真实想法？还是虽然心有不愿，但仍按照领导的要求，不折不扣地认真完成任务？

职场中，很多时候你并不能完全理解领导的某些想法和决定，甚至觉得领导相当愚蠢，老是做出一些"不切实际"和"问题百出"的决定，还坚定地要求手下的员工执行。可事实上，领导真的非常愚蠢吗？

"天涯"上曾经有这样一个帖子：有个初入职场的女生发帖询问"为什么老是觉得领导安排的任务是有问题的"，她也适当提出过自己的建议，但领导还是坚持让她照任务安排执行。后来，她跟公司前辈讨论过这件事，前辈告诉她自己刚来的时候也遇到过这种情况，但随着自身的成长，前辈发现其实领导的安排并没有错，只是当时的思维局限让自己误认为领导的决定不合理。

职场中无绝对的对与错，人们观点的不同只是源于每个人思考问题的角度不一样。作为员工，大多问题都是从执行的层面考虑的。作为管理者，获取的信息更丰富，思维空间更广阔，所以思考问题会更多地从战略上出发。除了任务的执行之外，任务的最佳时机、所需的成本、涉及的影响因素等多个方面也是管理者比较关注的。

一个曾在腾讯参与 QQ 同步助手产品研发的朋友给我讲过这样一个小故事：当初腾讯想丰富 QQ 的辅助功能，内部有很多产品研发团队上报了辅助工具项目，比如群助手、QQ 语音电话、QQ 视频电话、文件传送、远程演示……其中自然也包括她所参与的 QQ 同步助手。

那段时间，她多次为 QQ 同步助手项目申请更多的带宽和云服务系统支持，但领导总是让她等一等，为此她非常不理解领导的态度。有一次甚至还专门找到领导询问缘由，并多次向领导提交该项目的可行性分析，强调项目的优势所在。但领导仍然坚持让她再等一等。

后来朋友说，她也是经过很长一段时间才渐渐明白领导当时为什么老是让她等。因为当时的 QQ 同步助手相对于其他项目来说，并不是特别"强需求"。作为手握各种资源的管理者，领导自然会将资源倾斜到当时更加迫切和容易出成绩的 QQ 语音电话项目。

当所有人都在忙于向上报备项目、申请资源的时候，领导者就需要比较各个项目的重要性，然后依据项目的重要性程度来决定资源的分配以及先后顺序。带宽和云服务系统支持资源都是有限的，孰轻孰重，仔细想一想自然就明白了。

所以,当你还在员工层面思考问题时,不要老是认为你的领导愚蠢,相反,你更应该让自己的思维方式尽可能地贴近领导的思维方式。下面有几点建议给职场新人,以帮助他们更有效地与领导沟通,最重要的是尽量避开沟通雷区:

第一,你觉得错的事情,未必就是错的。通常在一个企业中,职务越高,拥有的信息量也就越大。因此,你和你的领导之间其实是存在信息不对称的,在此基础上,拥有更多信息的人思考问题自然会更加全面,更加符合当前的形势;而作为下属的一方,如果因此产生了质疑,即便偶有正确,但错的时候更多。

第二,记住"不服从领导指挥而受到的损失,远比领导错误决策带来的损失大得多"这个道理。当领导已经做出了一个决定,你却在质疑这个决定对不对的时候,就意味着你是危险的。很多时候,一个企业就是毁在这些"自以为是"的人身上,而这些"自以为是"的人却不自知,甚至还认为自己非常有献身精神,是在为大局着想。

电视剧《亮剑》中有这样一个情节。在总结国民党几百万军队为什么一下子就彻底溃败时,有人说了一句很经典的话:"距离我们现在的位置(南京政治学院)不足百米的地方曾经是国民党国防部作战厅,直到今天,我仍然认为我在那里那一年多的工作经历是可以借鉴的,而且从那里发出的命令并不完全都是愚蠢的。正如我的同仁曾经开过的玩笑那样'国军的命令都是由天才制定的,却由蠢材来执行'。"

当你在质疑领导的时候,请思考一下这两个问题:第一,你的质疑是否合理?第二,你主张的究竟是顾全大局的做法,还是败事有余的愚蠢行为?

然后,请你认真贯彻领导的精神。虽然这世上人无完人,你的领导确实也会出错,我们也不鼓励对领导一味盲从,但当我们希望领导改变他的观念时,首先应该认真学习领导的精神。

当然,如果事实证明领导真的错了,你也应该相信他会自行纠正。如果双方没有基本的信任,那么很难把工作做好。

当你的脑海里开始产生"领导比你更愚蠢"的想法时,请务必提醒自己:职场中视角不同常常导致不同职位的人看到的东西不一样,很多时候领导能够看到的东西,员工可能看不到。在遇到问题时,保持积极的沟通才是明智之举。

什么才是真正的"人脉"和"人缘"？

什么是人缘？一指尘世的缘分，二指与别人的关系。

什么是人脉？人脉即人际关系、人际网络，体现人的人缘、社会关系，通过各种渠道所达到的领域。人脉包含人缘，但人缘绝不等于人脉。人脉不管是在古代还是在现代，在国内还是在国外，都是一个非常重要且不可舍弃的东西。

人们都说，交际讲究人脉。不管是在生活中还是在工作中，人脉都是非常重要的。很多事情并不是一个人单打独斗就能办成的，需要别人的参与、别人的帮助，若不然，工作中又怎么会有团队的存在？

人与人之间的关系有好坏强弱之分，当两个人关系好的时候，要合作做一件事就会变得简单；若两个人关系一般或是疏离，那合作起来就没有那么顺畅，甚至有时无法达成合作。人脉可以被划分为强关系和弱关系。这里主要讲的是工作中的人脉，可以细分为公司内人脉和公司外人脉。

强关系很重要。在不使用一切辅助条件(上级的安排、中间人的牵线、金钱的力量)的前提下,关系足够牢固的朋友,帮助你的概率很大,这也体现了个人的魅力,个人魅力足够,会带来更多的真朋友。而用金钱或利益堆砌起来的关系虚假的成分较多,虚假的关系像泡沫,一旦没有吸引彼此的东西时,泡沫就会一触即破。

举个例子。有 A 和 B 两个人,在一个月前他们都创建了公司:A 公司和 B 公司。从他们的故事里,我们可以看见"人脉"与"人缘"的区别。

A 是一个非常有才华的人,身边聚集了一群志同道合的朋友,他也认识了很多不同领域的人,有几个与他关系特别好的朋友跟他合开了一家公司。B 是一个没有什么本事的"富二代",他用父亲的钱开了一家公司,员工都是招聘进来的,身边的朋友也大都因为钱和他在一起。

这样的朋友关系也直接体现在他们做的项目的完成度上。比如,A 靠自己的能力给公司拿到了第一个项目时,B 却是靠请人吃饭和送礼拿到第一个项目。A 因为是和志同道合的朋友合开公司,公司内部的项目执行能够很好地配合,大家劲往一处使,项目完成度高。而 B 的员工因为都是通过招聘进入公司的,在配合上需要一定时间的磨合,效率相较于 A 就低了许多,从而与 A 相比在项目完成度上显得一般。

那么就有一个问题,如果你手上有两个项目,A 和 B 都来找你合作。A 是你的朋友,你相信他的能力,给了他这个赚钱的机会;B 请你在高档餐厅吃了饭,送了高价的礼物给你,迫于面子你也要给他这个赚钱的机会,你会怎么分配项目呢?你会把重要项目给 B 吗?答案也许是否定的,因为你不信任他,你隐隐约约地感觉到 B 做项目没有 A 可靠。

人与人之间的交往有一个信任点,在它从无到有的过程中会经历很多。不一定是两个人面对面的交往,也可能是在其他地方听到对方的风评,或是见过他的能力、作品,从而对这个人产生了认可。而一个有钱、有权却没有能力的人,你对他的评价可能就是光有钱没脑子,只知道靠关系。若是这个人用权势强迫你,或者用金钱巴结你,你的态度是不情愿而且不屑一顾的。

那么什么是弱关系呢?

每个人难免会出席一些社交场合,在这些社交场合上,大家会互相交换名片。有些人觉得,拿到手的名片就是自己的人脉,真的如此吗?这条脉络很薄,也许当你准备用的时候,对方不一定会搭理你,毕竟你们的关系只有一张名片。别人对你和你的公司不是特别了解,或者根本就不了解,你也是在需要的时候才想起这个人,翻出他的名片,这样的联系能成功几分?

当然,并不是说弱关系就不重要,毕竟强关系不是马上就有的,反而都是从弱关系慢慢加深而来的,有时候真正起作用的是对弱关系的经营。

那如何把弱关系提升成强关系呢?

古语有云:物以类聚,人以群分。站在什么样的位置,就能结交什么位置的朋友。特别是在工作中,想要把自己的弱关系提升成强关系,就必须提高自己的专业水平,毕竟别人看中的都是你的能力,而不是你这个人有多幽默、多健谈。不可否认人格魅力会给自己加分,但也仅仅只能起到加分的作用。自身的"硬件"条件一定要过得了关,"软件"自然能够慢慢提升。

金钱总会有耗尽的一天,但才华不会。扪心自问,若是自己可以选择能够搞好关系的、利于工作的朋友,自然是会选择那些工作能力强、专业技能突出的。正所谓"人往高处走",结交"高处"的朋友也有利于自己工作业务的展开。

想要扩大自己的人脉圈,运用领英等职业社交网站会有所帮助,但是任何一段关系都不可能是一蹴而就的,社交平台只是给你提供一个能够建立弱关系的场地,之后还是要靠自己的努力。

聊聊职场"敏感话题"

"八卦"一词原本是道家用语,但随着娱乐业的高度发展,一提到"八卦"二字,更多地让人联想到娱乐八卦,那些非正式的、不确定的、没有根据的消息或者新闻。

都说中国人喜欢看热闹,看完热闹之后再去四处传播。同样一件事不同的人向外传播可能会形成不同的故事,因为每个人在陈述一件事的时候都会带着个人看法,因此,一件事爆出来之后可能会有无数个版本。

《人类简史》中提到了关于八卦的两个理论:

第一种理论表示:人类的语言是灵活的,我们所发出的声音能够组合出无限多不同含义的句子,能让大家互相沟通,了解这个世界。

第二种理论表示:人类语言确实是大家沟通了解世界的方式,不过人类通过语言了解到的重要信息不是世界,而是人类自己。

《人类简史》一书中表示:在人与人之间,八卦是一件非常重要的事。在约7万年前,现代智人发展出了新的语言技能,这语言技能能让大家八卦得更久,大家就是通过这种方式得知部落中到底谁比较可靠、谁又喜欢偷奸耍滑,而大家也是通过这种方式来选择同伴、进行合作的。

人类传播的信息一般分为三种:

1.完全虚假;

2.半真半假;

3.完全真实。

其中完全虚假的故事传播的人数最少,因为假得让人无法相信,只能当作一个笑话来听;完全真实的消息娱乐性不强,传播的人数或许不少,但不可能最多;半真半假的消息反而能得到最多的人的关注。在真实故事上蒙上一层神秘的面纱,能勾起人的探求欲望,乐于说的人也会显摆性地把它传播出去,讲得跟自己亲身经历一般,由此一传二、二传四,最终传得人尽皆知。

俗话说得好,有人的地方就有江湖,而有江湖的地方就有八卦。公司就像是一个小小的江湖,里面有各种类型的同事,有似侠客的,有似文人的,有爱说话的,也有"闷葫芦",不过这其中最"厉害"的当属那种一本正经胡说八道的。

或许你中午和同事一起出去吃饭的时候(在去往餐馆的路上),在用餐的时候,你们多是聊着天的。同事之间,聊天总绕不开领导、同事、业务或薪资等话题,有时说得太多难免失去分寸。正所谓"说者无心,听者有意"。

消息被加入真真假假的想象、加工,就会完全改变模样。你可能自己并无意识,觉得只是在陈述一个事实,但那真的是事实吗?别人的事你又能真正了解几分呢?

还有一种情况,公司的员工之间难免会有摩擦,这时多数人会跟自己关系要好的同事抱怨。这可能利于自己情绪的排解,但事实上我们必须清楚,它解决不了任何问题,甚至可能将局面变得更糟。

所以,当你对工作有抱怨的时候,不妨尊重自己的感觉,仔细分析情绪背后隐藏的东西,该找同事或领导直接沟通的,千万别闷在心里。没有什么问题会自动消失,这次不解决,下一次它还会找上门来。直面问题而不是毫无意义地一味抱怨,才是问题真正的解决之道。

我们常说人言可畏、祸从口出,不是没有道理的。公司里天天有八卦,可以听着,但要自己辨别出其中的好坏、真假。

八卦的传播是有一定影响力的,对"被八者"和八卦的人双方都有一定影响,也许是好的,也许是坏的,传播后果并不是每一个人都能预测的,毕竟,没有一滴水认为自己应该为一场暴雨负责。因此在传播八卦时,需要留心判断话题的真实度,虚假传播无异于恶意中伤。不传播不实信息也是成年人彼此尊重的一个表现。

身在职场,要对职场的"敏感话题"有一定的把控,不要听风就是雨。用自身的能力来证明自己的价值,虚假八卦说得好不如传播事实好。毕竟凭事实讲话会更有说服力。

也许有人会说:我其实并不想八卦,但是公司的江湖这么大,不是说你不想听八卦,就不会有人传播;八卦总是会传到我耳中,我又不可能成为一个两耳不闻窗外事的人,有时候不想听不代表听不到。

那么,面对"敏感八卦"怎么应对呢?如果有八卦传播,你一定要有分辨力。不是说八卦不好,从八卦里有时你可以分辨出哪些人是可以相交的,哪些人是要敬而远之的,八卦有时也可以趋福避祸。

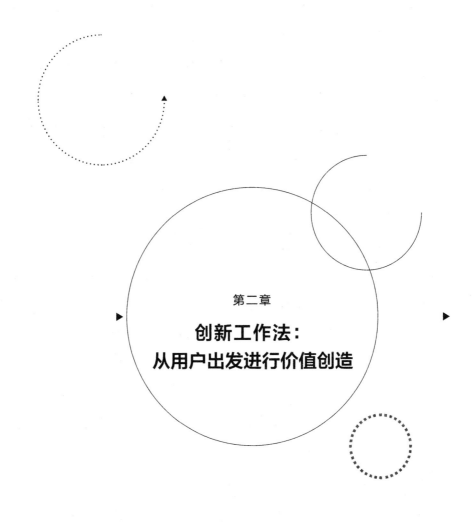

第二章

创新工作法：
从用户出发进行价值创造

抄袭？模仿？微创新？

说到腾讯，很多人抱着既妒忌又佩服的态度。妒忌它总能抓住市场先机进行产品开发，而且最后还成功了；虽然很多人对它的"拿来主义"恨得牙痒痒，但又佩服它向前迈进的速度。

腾讯公司则始终认为自己是在模仿中创新，产品表面相似，本质却不同。

马化腾说："如果只是抄袭和模仿别人，没有自己的创新，一定是战胜不了竞争对手的。QQ和微信都有很多创新，比如朋友圈、公众号，都是以前没有过的。企业的核心竞争力在于当大家做同样的事情时，你能否依然比别人出色，你是否依然有足够的创新能力。"

互联网的急速变化在为产品从0到1的开发过程提供了众多机遇的同时也带来了高风险。就成本而言，研发投入巨大，回报周期长，没有强大的后台资源，没有做好"烧钱"的准备，在战役的一开局就可能注定输赢；再者，就市场而言，国内市场的知识产权理念薄弱，大街小巷的山寨产品很快就会挤垮你。你还没想好怎么上市,街边的地摊上可能就有你的山寨产品了。劣币驱逐良币,这是很常见的。

华为掌门人任正非说:"中国缺少创新的原因是社会不尊重知识产权,不鼓励试错,加上社会文化没有包容精神,都热衷抄袭。"在这样的社会氛围下,难道就不创新了吗?诺基亚的案例告诉我们,故步自封只会被淘汰,即使之前的你是一方行业霸主。

"微创新"就是在这样的背景下产生的。市场的逼迫和产品的创新要求造就了这种既节省成本又不错过市场先机的新型创新模式。微创新的本质是整体的循规蹈矩,局部细节的微量整形,量变引起质变,使产品在本质上发生改变。这也是它与抄袭和模仿的最大不同,抄袭是照搬或沿用别人的思想、方法或经验,模仿较于抄袭的照搬还有一个学习的动作:学着做。

但这两者都没有添加自己的 idea 在产品里,而微创新的精彩点在于它能在模仿、抄袭的基础上添砖加瓦,演化和改进既有产品,使其更符合客户的需求,超越既有产品。这种超越效果不够外显,使其表面看着与既有产品没什么区别,但其实,内里已经发生了一系列质变,就是这些质变让它在前进的路上越走越顺。

这是一种极致可行的办法。俗话说,站在巨人的肩膀上学习会事半功倍。这种学习的开始不就是模仿吗?马化腾曾说:"创新要站在前人的肩膀上,模仿并不丢人。"因为他知道,一成不变的模仿、抄袭总会有饱和的那一天,学习前人的绝佳案例进行超越创新则会向前更进一步。

对既有产品进行微创新,相较于从 0 到 1,不仅降低了创新开发成本,还大幅度地提高了效率,节省了时间,降低了出错率;而且方便团队更清晰地捕捉到客户的某一点诉求，做到单点突破，同时产品兼容率也得到保障，客户无须重新学习就极易上手，这也是一种风险低、效果快的创新方式。

马化腾从不讳言："QQ 起初是作为 ICQ 的一个模仿者出现在中国用户面前的，但 QQ 绝不是因为模仿才取得成功的。虽然 QQ 本身是一个仿制品，但是像离线消息、QQ 群、魔法表情、移动 QQ、炫铃等都是腾讯通过不断学习摸索出来的功能。正是有了创新的产品，才有了 QQ 庞大的用户群，这成为撬动整个腾讯体系的支点。这些创新是让 QQ 能够最终超越 ICQ 的关键所在。"

要知道，QQ 并不是第一款即时通信软件，但它最后却胜过了鼻祖 ICQ。能够成为今天的"企鹅帝国"，正是因为一小步一小步的微创新的积累，而不是照搬模仿他人。腾讯旗下的产品做到了跟进超越，还有一个重要的原因：腾讯的微创新追求将客户需求的某种细节做到极致，一切产品的开发只为更好地服务客户，尽可能地满足客户需求，而不是一味追求产品"酷炫"，从而增加不必要的成本。

腾讯能在既有产品 ICQ 的基础上从细节体验着手，尽最大可能满足客户需求，成为它在与对手博弈时制胜的关键。这无疑是腾讯的聪明之处，从头开始创新开发已然来不及还费时费力，那就从既有产品上着手，抓住客户并超越前者就是最大的目标。

"用户至上"是极其重要的。腾讯在既有产品的开发上也曾犯下许多错误，使项目陷入垂死困境，好在及时改正，项目才得以复活。无论过程如何艰辛困难，腾讯总能快速找到解决方案，正是因为它始终坚持"用户至上"的核心理念，找准一切症结并加以解决，满足客户的体验需求。

比如腾讯的社交游戏《摩登城市》。早期开发者也是野心勃勃，因受美

国 *Virtual City* 的启发，模仿了它的创意。美国的 *Virtual City* 已运营三年有余，产品的完成度非常高，可以说整个产品是相当成功的。开发团队也因此进行了各方面的数据模拟比对，觉得项目市场前景十分不错。

但是实际情况呢？腾讯的《摩登城市》在已有美国案例参照的情况下花费了 6 个月时间开发出来，玩家上线率却十分不理想，活跃用户 1.2 万人，新进玩家周流失率高达 92%，这几乎是宣判死亡。为什么有了市场保证，产品创新仍会失败呢？

究其原因，一方面是团队管理的问题，另一方面是客户市场分析失误。两款游戏的社会背景和客户结构不一样，《摩登城市》在游戏场景和人员设置方面没有结合国内市场需求，从而导致客户的上线率不高。即使有腾讯庞大的用户群支撑，仍不能挽回垂死的困境。

Virtual City 的社会背景在西方，《摩登城市》的用户在中国，中西方的社交观和代入感不同；而且前期游戏开发时在客户结构调查方面产生了巨大失误，团队按预想进行了开发，却没有细致剖析客户，致使游戏开发方向错误。没有找准客户、满足客户需求，便接受不住客户市场的考验，前期失败是必然的。

好在"不怕犯错，就怕不改"同样是腾讯文化中的一种品质。因前期的错误，"摩登"团队在重新调查客户结构后惊讶地发现，之前一直坚信用户是一二线城市的大学生，结果游戏中最大的玩家群体却是三四线城市的宅男宅女和家庭主妇，可见客户人群方向偏得太严重。

这之后，团队邀请了玩家进行沟通交流，在分析客户需求后重新确立了方向。他们决定，仅模仿 *Virtual City* 的 idea 层面，而具体的框架产品设计更接地气，走自己的路。例如，设计更接近三四线城市玩家喜好的界面风格，着色更大胆鲜艳，增加了新的玩法，强化中国元素，增强玩家的代入感……种种微创新补救行为使玩家流失率大大降低。

　　仅仅 3 个月后，游戏活跃用户就达到了 159 万人，新进玩家周流失率降至 65.6％，《摩登城市》奇迹般地复活了。这是不容小觑的用户的力量，也是微创新的出发点。

用户投票决定产品是黑是白

2015 年 5 月 31 日,马化腾举办了一场演讲,地点在香港大学李兆基会议中心大礼堂。在演讲中,他向大家阐述了微信诞生史:

在微信的研发过程中,腾讯公司内部先后有三个团队都在研发基于手机的通信软件,每个团队的设计理念和实现方式都不一样。而且在开始产品研发之前,腾讯内部也并没有给产品定下一个基调,而是通过观察用户对产品的喜好程度和产品的实际情况决定是否上线。微信就是这样被推选出来的——用户的青睐。

对于微信的研发,腾讯利用了灰度机制。"灰度"一词的提出者是华为创始人兼总裁任正非先生,它也是腾讯内部在产品开发和运营过程中反复提及的词语。马化腾说:"我很尊敬的企业前辈任正非也曾经从这个角度深入思考,并且写过《管理的灰度》,他所提倡的灰度,主要是内部管理上的妥协和宽容。"也正是马化腾对"灰度"的理解,使他将其延伸至产品创新的领域,提出了灰度机制。

很多团队在开始做产品定义时就确定了产品的"颜色",要么白,要么黑。因为传统产品的研发周期长,而互联网产品的定义是由用户投票决定的,开发满足用户需求的产品是团队最终追求的目标,那么从产品开发到完成这个周期有没有什么办法可以实现开发者对客户需求的了解呢? 这就用到了马化腾提出的灰度机制了。

马化腾的灰度机制提及了7个维度,是现今很多互联网企业的法则。灰度创新很好地将其中的速度、灵活度、需求度、冗余度和创新度进行了糅合,从而找到一条既满足客户不断变化的创新需求,又为自己的产品争取到尽可能大的成长空间的道路。

一开始就将产品属性定义成灰色,在产品研发的整个过程里,让用户决定它是生是死、是黑是白,虽然存在一定的资源浪费,但是客户需求方面却能够得到很好的保证。很明显,客户需求度高就意味着失败率小,这是产品开发成功的保障。

这种把用户的投票抉择放在产品开发创新上的方式,势必也是在挑战用户的容忍度。按客户的喜好抉择变动性是很大的,花钱如流水完成的创新产品并不一定能够得到客户的认可,你觉得非常满意的产品,也许客户就是不喜欢,那么就需要多尝试创新产品给客户了。客户决定市场,产品是为客户服务的,所以参考标准也要求尽可能向客户靠近。这已然是一种变通的创新方式,既抓住用户也不落创新的市场先机。一个产品的成功必然经过了无数次为满足客户所做的尝试。

就像灰度发布(指在黑与白之间能够平滑过渡的一种发布方式)的 AB test 一样,为了在产品新功能研发期间让新的版本能够平稳过渡,企业往往让一部分用户继续使用 A,另一部分用户开始使用 B,如果用户对 B 没有什么反对意见,那么就逐步扩大用户范围,把所有用户都迁移到 B 上面来。

而这期间若是用户对 B 产生了一系列意见或者不满,也便于及时发现问题并加以调整,或者索性放弃 B 而研发 C。整个灰度发布的过程就是对产品创新的一次检验,往往也可能造成资源的浪费,但这种方式能更好地提高用户的体验感,增加用户对产品的黏度,就收集产品改进的建议来说也是一个很好的渠道。

用户的需求一直在变化,产品的创新开发也要跟上脚步。创新开发的过程是一场不断挑战用户容忍度的过程。有时在这个过程中会产生许多资源浪费。

以滴滴打车为例,在滴滴和 Uber(中国)未合并时,Uber 还是以滴滴的对手的身份存在着。那时这两家公司可没少干"烧钱"的事,不光软件本身在不断更新变化,在营销方式上也推陈出新、花样百出,隔三岔五地抛出免费、优惠券、折扣等营销方式来吸引用户,增加自己的用户基数。这个竞争厮杀的过程里有太多我们可以看到的资源浪费,但这就是一个新事物成长必经的过程。

没有哪个企业是一蹴而就的。人会随着时间成长,身体发育,衣服一年一年地更换,企业也是一样,你能说那是资源浪费吗? 滴滴与 Uber 的合并,变相地向我们证明了成长过程中的资源浪费是必然的,我们要有一定的容忍,不能因为那可容忍的浪费而直接放弃长大。就像现今的滴滴,正因为前期的那些花样折腾,合并后的新滴滴更加强大,一边保持着自己之前的优势,包括庞大的用户群、线上线下的多样运营等;一边又与 Uber 融合,扩展国际业务。所以,"烧钱"只是一时,发展才是终极目标。

看到了产品的前景,一切的"烧钱"就都不是资源的浪费了,而是一种试错,即使在竞争的过程中失败了就意味着前期的一切"打水漂"。而且资源浪费的风险之外往往也并存着一些成功的机会,适度的资源浪费反而能够提高产品的成功率。

在生鲜行业,有一家具有金字招牌的连锁企业——永辉超市。这是一家年销售额近 500 亿元人民币,可以挑战沃尔玛的生鲜零售巨头。内部组织的创新模式——合伙人制度是它成功的秘诀之一,总结起来就是"公司投资、合伙创业、亏损保底、盈利五五"。这其中的"亏损保底"和"盈利五五"便是永辉的内部试错机制。如果合伙人亏损,那么就由总部兜底,反之则与团队五五分成。

其中,总部对合伙人一定金额亏损试错的兜底是总部需要承担的风险。没有人会保证总部兜底的每家店最后都会起死回生,这就是一场分部争取生存的豪赌,赢了皆大欢喜继续营业,输了倾家荡产关门停业。但总部对各合伙人的兜底,确实解决了分部的后顾之忧,给他们在这场生死较量中增加了较量的砝码,驱动他们不断创新内部组织,获取发展活力,从而获得盈利,而合伙人的盈利变相地也意味着总部"合伙人模式"的成功,会给总部带来盈利。

在产品灰度创新的过程中,让用户来决定产品的黑与白是十分重要的,你可能会有很多次的失败试错,但若它们是产品战略上必须做的,那么失败就是成功的垫脚石。

如何打破"免费魔咒"？

世人都道"物以稀为贵"，当有价值的资源被更多人没有限制地使用时，这项资源离免费就不远了。例如人们可以每时每刻享用的空气就有着极高的价值，但人们通常不会为它发生交易行为，这是为什么呢？因为资源的稀缺性才是让用户付费的根本所在，至少在此刻，空气并不稀缺。

稀缺性是赢得互联网天下最有力的武器。在互联网时代，渠道成本已被大大降低，甚至变成免费。在这样的背景下，用稀缺资源打破"免费魔咒"才是企业的核心竞争力所在。充分利用资源的稀缺性实现它的经济价值是企业不断追求的目标。

在独特的环境下，比如在氧气稀薄的高原地区或其他缺少氧气的地方，空气就是稀缺资源。在那些地方，客户是否会为了购买空气付费呢？答案是肯定的，因为稀缺并必要。

做产品的时候，又如何拥有稀缺性呢？

　　独特的体验将成为所有产业价值的源头，塑造独特的用户体验也是制造产品稀缺性的表现。2016年，腾讯高级副总裁张小龙首次公开演讲时说道："腾讯公司里面一直在强调的价值观，就是一切以用户价值为依归，用户价值是第一位的。这句话看起来像老生常谈或者很普通，但是我要说的是，其实这句话让一个好的产品和一个坏的产品拉开了差距，大家都明白用户很重要，但真正把用户价值第一做到产品里面去的不多……"

　　腾讯在用户体验方面可谓做到了极致，他们可以为了解决跨网玩游戏的速度延迟问题，让腾讯会员产品部花费一年时间开发，最后让QQ会员拥有游戏加速器特权服务。这项特权单拎出来也不收费，但它却是QQ会员包月或包年特权里的一个，你能说它免费吗？

　　互联网时代，用户对独特创新体验都十分推崇，而腾讯是这方面的行家。同时，腾讯也是利用用户体验打破"免费魔咒"的代表企业，它成功打造了QQ特权体系，是以为证。以QQ秀为例。10年前，互联网上好玩的东西不多，但QQ秀却制作得十分酷炫，因而吸引了大批玩家。在平台上，腾讯为大家同时提供了免费产品和付费产品，但用户往往会心甘情愿地为付费产品买单，为什么？因为付费产品能给用户带来更独特的体验，付费的服饰、皮肤也更好看。

　　除了用户体验外，品牌投资也是向用户输出产品稀缺性的方式。现今的企业越来越注重对自身品牌的打造，形成了各种各样的品牌投资方式。如果说品牌投资是在创造独特用户体验的基础上来增加产品稀缺性，提升产品价值，让客户买单，那么，塑造明星产品便是在大量的品牌投资基础上衍生出来的，让更多用户了解产品的独特体验并加以感受。

　　对产品开发者来说，没有比让更多人参与宣传体验产品更成功的品牌推销了。塑造明星产品,可以借助已有外部名气,也可以利用产品本身独特的创意和卓越的技术,这些都能增加产品的稀缺性,成为它的核心竞争力。

以褚橙为例。一开始,褚时健就是最好的宣传代言人。褚老爷子本身就有自己极强的个人品牌,从当年的红塔烟厂到现今的哀牢山褚橙,他的身上一直带着一个"可信任"的标签。因为这个人,所以相信他的产品,这种想法在这里体现得淋漓尽致,用户信任他。《褚橙方法》的作者张小军曾说:"我是先知道褚老的故事,然后吃到他种的橙子。当我开始在成都销售褚橙后,才冒昧前去拜访他,其实我准备了好多问题,可是我们见面之后,之前那些问题好像都找到答案了。"

值得注意的是,借助已有外部名气时一定要准确定位自己的客户群,这样才能使产品宣传效果达到最佳。随着互联网的推动,用户对产品的各方面要求越来越高,用户消费也越来越理性,这就要求产品开发者在找准产品定位的同时对产品的实用性、美观性、便捷性、安全性等等各方面进行考量。

产品有名气当然好,但最终让消费者决定购买的仍然是产品的品质。再说褚橙。张小军说:"没有吃过褚橙的一些朋友告诉我说褚橙畅销恐怕更多是因为褚老的名声,我承认他跌宕起伏的人生经历让褚橙有了更高的知名度。可是我也坚定地认为,如果没有褚橙产品品质的支撑,重复消费和年年畅销就不太可能。"

名人效应也有失效的时候,这与名人本身向用户传达的形象有很大的关系。若名人形象在大众面前崩塌,那么随之而来的便是用户对产品信心的崩塌,即使产品具备稀缺性也无济于事。

如果产品本身建立了内在明星影响力,那么它的抗风险能力会增强许多。一款游戏达到全民爆红的程度后,大街小巷男女老少都在玩,它就成了一款明星产品。而成为明星产品后,用户的基数变大,用户对产品的依赖度变高,使得这款产品的抗风险能力增强,这就是靠产品本身的内在明星影响力的好处。腾讯的诸多产品都没有邀请过名人代言,而是通过对产品的不断创新优化,前瞻性地洞察市场,才成功打造了具有内在实力的明星产品。

打造产品的稀缺性要立足于用户体验,才能打破"免费魔咒",创造一种有价值的资源稀缺性,从而实现产品的经济价值。

精品来自常人难以想象的尝试和重复

《马太福音》里说："你们要进窄门。因为引向灭亡的门是宽的，路是大的，进去的人也多；引向永生的门是窄的，路是小的，找着的人也少。"窄门是少数，能成为精品的产品也是少数。无数经验表明，精品不是想做就能做出来的，必定积累了大量的尝试和反复的验证。

腾讯公司副总裁姚晓光就曾说过："精品的诞生需要做到常人难以想象的尝试和重复次数。"马化腾也说："真正的产品经理应该努力发掘产品的核心能力和用户深层次且不断变化的需求，不断迭代改进，如此才能实现更好的产品体验。"

不断创新尝试和重复验证其实就是打造精品的必要条件。这样做不一定会打造出精品，但是精品必定是通过不断尝试和重复验证得来的。在验证的过程中，诞生了新的创意，更要重视用户。市场是检验精品的终极关卡，要考虑用户对产品的体验感受，主动从用户本身出发，追击市场需求。

　　以乐高积木为例。其发源于丹麦比隆，被称为"魔术塑料积木"，是许多儿童都喜爱的玩具。这种塑料积木有两面，一面有凸粒，另一面有可嵌入凸粒的凹槽。小朋友游戏时可以对塑料积木进行任意拼装，充分发挥自己的想象力。

　　乐高可以有很多种变化，光是塑料积木的形状就有 1300 多种，每一种形状的积木还有 12 种不同的颜色，以红、白、黑、黄、蓝为主。这是一款少有的经历过二战、经历过长久时间考验的玩具产品。直到现在，乐高依然火爆全球，能够经受住孩子们喜新厌旧的挑选，成为一款精品。

　　在《爆品思维》一书中，作者提到："人人都爱乐高，科技评论者这样称道。事实上，这句话绝不是夸大之词……乐高创造的是整个游戏系统，是基于乐高玩具搭建的一切产品。对于孩子来说，乐高是积木，是可创造、可制定规则的积木，对于成年人来说，乐高可以是身边的任何一种产品。"

　　被称为"乐高教授"的戴维·罗伯逊在《乐高：创新者的世界》一书中说道："该企业第一次有远见的行动是，它把赌注押在塑料积木和积木的未来上，第二则是领悟到它必须从生产单个玩具发展到能够创造整个游戏系统。"这也是乐高打造精品卓有远见的体现——产品开发重视用户需求。

　　在产品打造、验证、尝试的过程中，也要重视打造产品经理人。精品的打造必定是无数细节和耐心的积累，产品经理或运营者要付出极强的耐心，勤勉地做产品，这也是优秀的产品经理身上不可或缺的优良品质。

　　优秀的腾讯人，一个比一个较真。有这样一个故事，说腾讯公司里有一位游戏开发人叫 Colin，在游戏开发方面是腾讯公司的一位"神人"，无论是《QQ飞车》《天天酷跑》还是《七雄争霸》，做的游戏没有一款不火的。在他的身上，就可以看出腾讯人对产品打造的态度。

　　有一年在筹备腾讯晚会时，大家已经过流程到后半夜了，Colin 跑到现场说还要重新看一下整个流程的视频，原因是害怕自己负责的娱乐节目出现问题，影响第二天的正常演出。这很合乎情理。但就在观看视频时，他差点把整个导演组、供应商逼疯。观看视频时，他看出视频某一个时点漏了一帧，便马上和旁边的导演说要回去改，并且要在当天晚上送回现场。

　　有做视频经验的人可能都知道，漏一帧对观众来说其实没有什么视觉上的影响，但是 Colin 就是这么较真。由此，你就可以知道，为什么他制作的游戏会火了。追求对精品的打造，不愿得过且过，不放过任何一个瑕疵，这些都是腾讯人在产品打造过程中表现出的"精品精神"。

　　腾讯在游戏开发上对产品的尝试和重复有着令人难以置信的执着。在游戏开发的过程中，产品工作室通常都会组织技术骨干开发一套持续集成系统，让成员试验产品，确保游戏的开发效率。每款游戏开发时还要求建立一个 iOS 和 Android 的"日稳定版本"①。

　　为腾讯做高级管理顾问的敏思特咨询创始人王晓明说："建立'日稳定版本'是保证游戏产品顺利上线的一个至关重要的做法。在团队出现动摇时，就要去给他们解释这种做法的长期价值。"即使现今在大众中极受欢迎的微信，也曾经历了许多内部迭代的尝试和重复。有个关于微信朋友圈的传说：朋友圈是历经了 4 个月，前后做了 30 多个内部版本才最终成型的。这就是打造精品的过程。

　　宝洁公司全球开放创新总监克里斯·索恩（Chris Thoen）说："当产品还是粗糙的原型时，潜在的用户更愿意分享他们的建议，同样的，公司也更愿意

---

　　① "日稳定版本"即要求该版本没有重要的 bug，允许有不完善的功能或者小 bug，产品所有的基本流程都可以走通，不会妨碍团队体验任何功能。

分享他们的建议。而当公司将成品提供给用户时,无论是用户提建议的热情,还是公司接受建议的空间都会大打折扣。"在产品持续快速验证的过程中,对开发上形成的问题要早发现早解决,这样可以避免因为很多问题发现得太晚而投入高额解决成本。

大量的创新尝试和用户的反复验证虽然会消耗大量的成本投入,但也正是有了这些高投入,使得在验证过程中,产品得到不断的优化,研发水平不断提高,这就为精品成型奠定了基础。

"为了发现王子,你必须拥吻无数青蛙。"

做与不做的"三问哲学"

2004年8月,微软总公司组建 MSN 中国研发中心,并把基地建在上海。几乎同时,微软在北京也组建了 MSN 中国市场中心。腾讯历史上最重量级的对手出现了。尽管在这之前,腾讯已经做了不少准备,但是微软在 MSN 上的大胆出击还是让腾讯应对得十分吃力。

而那时,对于被外部包围着的腾讯,很多人都失去了信心,认为"随着MSN 和雅虎在中国市场的迅速发展,尤其在商务阶层,两者的实力毫不亚于腾讯,双方互联互通之后,将进一步扩大实力,甚至有可能令 QQ 迅速在商务阶层沦落为弱小 IM(即时通信)"。而 MSN 中国的公关部更是对记者说:"请你们转告马化腾先生,罗川总裁(时任微软 MSN 中国区总经理)愿意在任何时间、任何地点与他洽谈互联互通的事宜。"①

---

① 吴晓波:《腾讯传》,浙江大学出版社2017年版。

在此逆境中,马化腾坚决回绝了 MSN 发出的邀约,在关键时刻保持了异常的理性。不得不承认,腾讯的成功在很大程度上正是因为这位腼腆的领导者果断的战略决策,对大方向上该做和不该做的事从来都拎得很清楚。

那么他对事为什么能够拎得这么清呢? 这一切与他提出的"三问哲学"有莫大的关系:一问,这个新的领域,你是不是擅长? 二问,如果你不做,用户会损失什么? 三问,如果做了,在这个新项目中,你能保持多大的竞争优势?

拒绝 MSN 的邀约就是因为"三问"。

第一问,这个新的领域,腾讯是不是擅长?

一直以来,腾讯都有一套自己的即时通信体系,在新的"互联互通"领域接触还不深。

第二问,如果不做,用户会损失什么?

以腾讯自身的实力,如果不接受邀约,对腾讯用户来说其安全或需求也不会受到什么影响,反而还可以得到相对的保证。

第三问,如果做了,腾讯能保持多大的竞争优势?

这个新项目与腾讯独立通信有很大的区别,腾讯的竞争优势在"互联互通"面前会慢慢丧失。若腾讯接受了邀约,会出现许多无法把控的情况,可能导致用户利益受损,或无法保证用户的需求和安全。考虑到要在可控的范围内,且不会伤及用户的根本利益,因此马化腾果断拒绝了合作。

马化腾回答:"我们不能拿用户价值冒险,这样不负责任。"这便是他在新的领域就战略抉择上对用户的重视,这也是后来马化腾"七种武器"中的"用户驱动战略"和"专注创业初心战略",在新的领域开发上要一切以用户为出发点,脚踏实地地为用户服务,沉浸于产品本身,而不是一味追求战略上的"新花样",使用户利益受到损害。

马化腾在决定何时推出某项新业务时，总是考虑非常多的因素，寻找到一个比较稳妥的扩张节奏。因为这种理念，腾讯在很多项目上会贻误更好的战机。但正是这么多年的碰壁，也让腾讯明白了，放弃某个产品，也就有了更多的精力和时间用在更好的产品上。这也是腾讯在战略大方向上很少出现偏差的原因。

就像马化腾说的："过去腾讯做过很多东西，觉得跟我们产品有关的，我们都没有放过，但是最后发现其实反而做不好……在这过程中我们发生了很大的变化，我们把产品一步一步地落实到位，我们把越来越多的业务都砍掉、卖掉，让给其他的合作伙伴去做。原来我们在这个领域内其实都试过了，发现真的很难做好，不是说你主观想做好就能做好的。"

马化腾的战略把控原则，也是很多企业家都奉行的原则——战略务实，做自己最擅长的事。有"中国 IT 业教父"之称的柳传志，就是一个脚踏实地的现实主义者，不做自己不擅长的事。他的"三不干铁律"被众多企业奉为冲动的"消火神器"："没有钱赚的事不干；有钱赚但投不起钱，或者投得起但赔不起的事不干；有钱赚、有钱投，也能赔，但没有合适的人去做，这样的事也不干。"

马云在参加《与卓越同行》栏目时，有人问他，作为中小企业的"武林盟主"，怎样带领中小企业走出国门，走向世界，马云的回答反映出了他的务实。他说："我觉得我们中国有一个误区，老是想走出去，其实把自己家生意做好，挺好。今天我们出去，并不太受欢迎。我们没想明白，我如果去了美国，我可以给美国的老百姓带来什么好处，为走出去而走出去的企业，不管你多大，无一成功。我们现在对全球化的战略想得很明白，我觉得我们还没有准备好，我们公司要走102年，现在才走了13年，还有89年要走，未必一定要在马云身上把全球化做好，时间长着呢。"这也是阿里巴巴的战略方向，该做时才做，不该做时坚决不碰。梦想可以有，但一定要根植于现实。

很多人认为，腾讯在游戏方面就是一个暴发户，和近十年成长起来的其他国内游戏公司一样。这样的想法，没有发现两者本质上的区别。腾讯是国内少有的在游戏开发上战略思路清晰的公司，它只开发客户需要的产品，在务实的游戏开发中不断增强自己的竞争优势。

无论是在游戏产品"青黄不接"的时代推出《英雄联盟》，还是对整个国内用户环境进行研究，开发轻闲游戏，扩大用户布局，都反映出腾讯的战略前瞻性。这也是在中国游戏市场如此残酷的竞争下，腾讯还能成为目前国内最专业的游戏公司的原因。腾讯互娱业务的发展总是务实的，依靠这种务实，腾讯善于抓住市场先机，保持自己的优势。

清人陈澹然说："不谋万世者，不足谋一时；不谋全局者，不足谋一域。"看问题必须眼光长远，也必须全面。事实上，在对 MSN 的"抗战"中，马化腾确实做出了正确的抉择。2010 年 10 月，微软宣布关闭了 MSN Spaces 博客服务，导致全球有 3000 多万名用户面临"搬迁"，而这期间微软抛弃了上百万中国用户，因为在微软的博客服务商里没有汉语版。

马化腾在选择新领域上的预见性拯救了腾讯用户的利益。设想一下，要是当时腾讯在 MSN 发出"互联互通"的邀约时没有拒绝，那么在 2010 年的这次用户"搬迁"中，腾讯用户面对的可能就是一场大动荡了。

先做最有把握的事

马化腾说:"不要一开始就设定宏伟目标,而是把目标设为最低。对于创业者,不能指望说做 10 亿或多少亿,如果我们当初这样想,早就死了。这会左右你每一步动作,接下来你会发现很多细小的事情都做不了。"从马化腾的话中我们可以看到,做任何事情都要务实,脚踏实地,树立一个切实的目标,先做最有把握的事情,不要好高骛远,要知道"不积跬步,无以至千里;不积小流,无以成江海"。

很早之前腾讯就看好邮箱这个版块,早期也尝试做过邮箱,但由于当时的市场竞争非常激烈,邮箱业务"烧钱"又不盈利,这块业务就直接被腾讯叫停了。直到 2005 年,马化腾觉得时机成熟了,通过收购 Foxmail 获取了成熟的邮件技术,才再次打入邮箱这个市场,最终成长为一个服务用户超过 8 亿人,收发成功率达到 99.9%,自建亚洲最大的数据存储中心,有 41 项反垃圾专利、12 道安全保障的超级邮箱托管服务产品。

像腾讯这样的大企业有时也是会撞南墙的,但它却聪明地知道自己没有把握做好某件事,懂得撞了南墙之后及时抽身。有人说:"知道自己会再次撞南墙却仍然往前走的人,不是傻子就是疯子。"

做自己能做的事、干自己最有把握的事,才是企业最明智的选择,毕竟真的把"南墙"撞穿的人实在是少数。我们可以学习"明知山有虎,偏向虎山行"的勇气,但就算是为了验证可嘉的勇气也不需要把企业的"脑袋"放在虎口,不是吗?

理想很丰腴,现实却骨感。在产品执行的过程中,树立服务客户需要的求真务实的态度,可以让你少走许多弯路。一定要抓住产品开发的出发点,做最有把握的事,为一个切实的目标奋斗,以客户需要为中心做产品开发。在产品开发过程中,并不是所有的"高级"设计都是客户需要的,去做客户并不需要的产品设计就是一次挑战、一次冒险。

张小龙说:"如果你是做这个东西的产品经理,你会很容易陷入一个误区,觉得你把它做得很高级了,用户就需要了。事情往往并不如此。这样的事情发生在每天的工作里,每天我都要查看很多次。做的人可能不会意识到这里面有问题。我们都以为自己的工作是把功能都做上去,然后说我的KPI(关键绩效指标)可以完成了,但这往往是违背用户需求的。"

马化腾也说过:"许多软件技术人员往往对自己的智力非常自信,写软件只是互相攀比的一种方式,而我希望自己写出来的东西被更多的人应用,也愿意扮演一个将技术推向市场的小角色,不断地攻克难题,做出让用户满意的产品。这才是腾讯一直追求的东西。"这也就是务实的创新。

腾讯的企业邮箱就专注于邮件托管服务,并将其做到了极致。从2009年推出免费域名邮箱,到2010年的腾讯免费企业邮箱,再到2012年的付费版企业邮箱。每一款企业邮箱的发布,都是腾讯对用户需求的探索,拒绝设计花里胡哨的产品,深扎客户的需要,设计出更简单务实的产品。

马化腾说:"人性对工具的要求就是清晰、简单、自然和好用。好产品不需要所谓特别厉害的设计。为了体现自己厉害,设计用户完全不需要的东西,往往舍本逐末了……不管什么年龄和背景,所有人都喜欢清晰、简单、自然、好用的设计和产品,这是人对美最自然的感受和追求。"

用户最关注的是产品用起来是不是简便,一个设计过于复杂的产品用起来就会复杂。一个步骤就可以解决的事情非要分几个步骤去完成,其实并不是用户想要的。没有人会把自己的时间一直浪费在这些没有实际意义的事情上。

为什么说苹果只能是乔布斯的?因为苹果深入贯彻了乔布斯的极简主义,专注于开发极简产品,能让客户少走就绝不多设一步。为什么苹果能与众不同地设计只有一个按钮的手机呢?一方面,这是苹果公司的创新举措;另一方面,不得不说这也是一个简化客户使用步骤的实用方式,让客户可以以最简单的操作方式使用手机。

在产品创新开发执行的过程中先做最有把握的事,不光要"接地气",也需要深扎下去,专注地去做。就像腾讯开发"腾讯云"时,就把专注点放在了如何保护用户信息上。在谈到"腾讯云"时,马化腾说:"在过去的十年中,腾讯不断发展信息安全技术,并且建立了专业的团队,以最新、最完善的装备和措施24小时不间断地保护用户信息,基本上满足了用户随时随地使用在线产品和服务的需求,并且能保证他们的安全性。在这样的前提下,用户才能放心地把原来放在他们本地终端机器上的信息存放在我们云端的'数据银行'中,用我们云端的服务代替他们原有的基于客户端的服务。"对于一家互联网公司来说，最有把握的事难道不是务实地处理用户的需求，得到用户的肯定吗？

心急吃不了热豆腐。成大事者，要耐得住性子，只有这样才能更好地观察出市场动态，做出相对正确的决策。很多业界人士说："如果腾讯能冲劲更足一些，腾讯的规模会比今天更大。"而马化腾却信奉着"先做最有把握的事"，戒骄戒躁，厚积薄发，专注客户和产品的开发。马云说："听说过捕龙虾致富的，没有听说过捕鲸致富的。"做事要脚踏实地，做自己有把握的事。任何事情一旦专注地去做，都会收获良好的成果。

"玩是一种生产力"

"生产力"是马克思历史唯物主义的核心概念,从人出发解释其内涵。在实践科学发展观的过程中,必须坚持以人为本,发展社会生产力。中国互联网正处于向移动智能时代过渡的阶段。在这样的背景下,企业所面临的危险是被不断出现的新技术和新趋势淹没。因此,不断提升自身的创新能力便是企业存活的关键因素。

互联网的智能创新很适合人本经济观。[①] 创新是互联网的核心竞争力,而作为创新主体的人则是企业的重要组成部分,企业指挥官和执行者的能力决定着整个团队的质量。在现代商业社会,要提升团队的创新能力,就要提升成员的创新生产力。

提升成员的生产力和创造力,要从成员对待事情的态度出发。心理学家

---

① 人是第一生产力是人本经济观看待经济的着眼点。经济个体(包含自然人和法人)的质量、数量和构架模式决定了经济整体的强弱。

维克多·弗兰克尔(Viktor E. Frankl)对人的情绪做了这方面的研究后说：
"在任何特定的环境中，人们还有最后一种自由，就是选择自己的态度。"人的
态度选择是自由的，选择积极还是消极的工作，很大程度上也是自由的。若
在执行的过程中受到外部的压迫，就可能形成抵触情绪。

兴趣是人树立积极向上态度的前提之一，在兴趣的驱动下执行，不用督
促，个人也会发挥出最大效率。企业或个人可以把执行任务当作出自身兴
趣玩的游戏，职场历程就是一场"打怪升级"。"寓教于乐"让学习对学生有吸
引力，同样，将工作变得更有趣也会吸引员工的自主加入，从而不断提升工作
效率。

世界上最具激励效应的畅销书作家奥格·曼狄诺(Auger Mandinuo)说：
"生活成功的主要秘诀之一是每天保持对工作的兴趣，能够有持久的热忱，并
能将每一天看得同样重要。"可以说，兴趣也是一种生产力。

马化腾曾经说过："发现自己的兴趣、渴望、理想，专注地发挥自己最擅长
的那部分，以研究的心态去尝试，就是有梦想有行动力的创业者，在哪儿都能
创造和贡献自己的价值。这也是我们国家、我们民族重点倡导的创业精神。"
可见由兴趣引发的工作学习，本身就会创造价值。就像马化腾说的："玩是一
种生产力。"在玩中找到乐趣，充分发挥自己的干劲，再把这种干劲放在执行
中，就能达到事半功倍的效果。

2016年，一群"隐居"在故宫深处的"神秘人"因为一部横空出世的纪录
片走进了大众的视野，顿时在大众心中掀起了波澜。这群神秘人各自有着精
湛的手艺，为国家的文物服务，传承着博大精深的民族文化，他们便是故宫文
物的"诊治医生"——故宫文物修复师。

这部纪录片不光让人们领略了各位大师的精湛技艺，也让大众感受到大

师们的精神。王津便是其中的一位"医生"。这位戴着眼镜、温和谦虚的钟表组修复师被称为"故宫男神"。这位拥有精湛的钟表修复技艺的大师与钟表修复工作一开始结缘便是因为兴趣,而现在他成了钟表修复行业顶尖的专家。钟表修复的过程枯燥无味,总是没有尽头的反反复复,因此需要极强的耐心和专注力,这也是一般人不容易达到的,兴趣就显得尤为重要。工作的枯燥乏味是相对的,只要你感兴趣。

王津从小就喜欢拆装,一开始是拆装自行车链条。1977 年,他进入故宫,被分配到钟表室,由此开始了自己越做越喜欢的故宫钟表修复工作,以至于后来他发现修复钟表就是他的梦想。哪怕现今的他即将退休,也仍然想继续从事相关工作。

在纪录片中,面对记者的提问,他回答道:"从事钟表修复四十年,当干到一定程度的时候真是越来越喜欢,觉得这就是自己的事情。像我们在宫里修复钟表,当看到库里还有那么多待修时,心里就有种急迫感。当修复好的钟表在人们面前展示,恢复了它们的生命时,也是非常有成就感的一件事情。所以,我一直热爱这个行业,也不觉得做的时间长,尤其是看到中国收藏的钟表在世界上是独一无二的。"

这便是兴趣加深之后的力量,因为感兴趣,就自发地不断提升自己的生产力,同时也在执行的过程中不断得到自我满足,成就自己的理念和精神。这也就是现代人常说的"匠心精神",这种由兴趣培养出来的"匠心精神"是推动生产力前进的第二步。其实就腾讯来说,就有无数因为兴趣产生的生产力。"QQ 不是工作,是兴趣",腾讯的创立就是因为马化腾对信息技术拥有与生俱来的热情。这热情一路伴 QQ 成长至今,也是马化腾的创业初心,他觉得个人兴趣和改造社会的热情比改善个人财富状况更重要。

也是因为个人兴趣，马化腾做出了许多让人不解的决策。QQ 研发之初其实并不是一帆风顺，很大程度上其实就是基于马化腾的个人喜好。在 1999 年 2 月，当马化腾提出研发 QQ 时，腾讯的股东们是强烈反对的，因为腾讯初始是以开发和销售"BP 机寻呼系统"为主，而 QQ 在当时没有自己的盈利点，股东们觉得它是累赘，它也确实在后来很长一段时间里不断花费着公司大量的人力物力却仍未盈利。毫不夸张地说，如果不是马化腾对 QQ 的兴趣一直不减，今天的我们见不到那只胖胖的企鹅。

兴趣是一种生产力，它能提升人员的执行能力和积极自主的学习能力，从而驱动出更好的执行。爱因斯坦说："兴趣是最好的老师。"它能引领你去探索，不断寻找属于自己的执行方式，提升生产效率。

兴趣驱动执行与沉溺玩乐有很大的区别，前者是将工作任务与自身兴趣相结合以提高生产效率，后者却只追求享乐安逸。我们应当从培养兴趣开始，不断在执行过程中加深自己的兴趣，从而形成自己的执行精神和理念，提升生产力。

偷懒也是创意的来源

说到"偷懒",很多人都把它看作是一个贬义词,总是把它和不思进取、不主动、不积极等词联系在一起。但他们不知道的是,偷懒其实也是创意的来源。创意就是有智慧的人的一种偷懒方式。

马云在一次内部会议中对员工说道:"懒惰使社会进步!勤劳使世界止步!"这句话引起了当时与会者的极大反应,有人认为马云是在胡说八道,懒惰怎么就让社会进步呢?不过会议中他给出了许多黑色幽默式的例子,向大家解释为什么懒惰如此重要。

世界上最富有的人比尔·盖茨,他是个程序员。懒得读书,他就退学了。他又懒得记那些复杂的 DOS 命令,于是,他就编了个图形界面程序,叫什么来着?我忘了,懒得记这些东西。于是,全世界的电脑都长着相同的脸,而他也成了世界首富。

……

还有更聪明的懒人：

懒得爬楼，于是他们发明了电梯；

懒得走路，于是他们制造出汽车、火车和飞机；

懒得一个一个地杀人，于是他们发明了原子弹；

懒得每次计算，于是他们发明了数学公式；

懒得出去听音乐会，于是他们发明了唱片、磁带和CD；

……

马云的话让人觉得似乎是歪理，但换一个角度来看，他所说的正是创意的偷懒。创意的偷懒并不代表什么都不做，而是要在执行的过程中不断发散思维，寻找规律，总结一套可行的创意方法来提高效率，利人又利己。

随着社会的进步，人们通常会对循环往复地做某件事感到厌倦。这时，就有一部分聪明人想"偷懒"了，但毕竟不能影响正常工作生活的进行，于是，大家发散思维，想了很多创新的工具来替代人从事原本冗长重复的工作，以此来节约自己的时间，优化工作效率。

偷懒是创意的来源。为了避免重复性的工作，节省时间和精力，许多人会发挥自己的创造力，从反复要做的事情中提炼规律，寻找替代工具，减少重复性的工作内容；还通过观察工作时间消耗的结构，分析其中耗时量特别大的部分，将其拎出来进行优化，从而提升工作效率。

在软件开发行业，开始开发一个软件时，程序员的工作十分麻烦枯燥，大量的代码需要他们来编写，一个软件里往往还有很多代码是类似的，程序员要做很多重复性的、令人抓狂的工作。当一件事情反复做很多次之后，也就是机械地重复动作。这些能够用工具简化的事情,为什么非得程序员一个一个地重复编写呢?

类库①就是在这样的"懒惰"思想下产生的。一些程序员不想写那么多重复的代码,觉得既浪费时间,自己的能力又没有得到提升。为了解决这个问题,他们就发明了类库,把类似的代码抽象出来进行包装,形成函数或类,以此来节约自己的编写时间。

有了类库,程序员就节省了大量重复工作的时间,也提升了自己的工作效率。现实生活中,我们需要这样的"懒惰",带着创意的"懒惰"。一个企业不光需要勤勉努力的人,也需要敢于探索创新的人。

微信红包的诞生也是因为懒惰。每年过年,腾讯都要给员工发新年红包。某部门的领导嫌麻烦,不想逐个员工地发放,就想着在内部做一个小功能,用手机发红包。就这样,技术团队做出了微信红包第一版。

创新可以提升自己的工作效率,总结可行性"偷懒"方法,再在团队中进行分享,这也是提升整个团队效率、增强团队竞争力的一种方式。我们不批评在工作中运用创新提高效率的"偷懒",因为这会鞭策执行者不断地去钻研,去了解工作内容,观察其中是否有规律可循;然后找到规律,去繁留简,更加高效地完成工作。

用户是产品的使用者,一切产品的开发要从用户需求出发。懒惰是很多人都有的特性,满足用户能偷懒就偷懒的需求也是团队市场竞争力增强的表现。用户的"偷懒"属性让更多的产品开发者不断发挥自己的创造力开发研究产品,精简用户使用产品的步骤,省略不必要的麻烦,使用户感受到便利。

----

① 类库(class library)是一个综合性的面向对象的可重用类型集合,这些类型包括接口、抽象类和具体类。

　　腾讯 QQ 聊天界面的广告就让用户在浏览广告时"偷懒"，广告的定向投放节约了用户的很多时间和精力。比如，由于你经常浏览某种商品，或曾经通过 QQ 界面浏览某款商品，那么你的 QQ 界面广告就会根据你以往的浏览记录自动为你推荐相似产品，这也是现今许多互联网公司对大数据的运用最直接的体现。

　　这些广告，一方面对相关产品进行了针对用户的宣传，抓住了有产品需求的用户；另一方面也为用户节省了大量浏览不必要或不需要的产品的时间，让用户有更多精力做其他事情。广告的定向投放本身就是一个让用户"偷懒"的创意，那么，如何挑选出用户潜在需要的产品？如何让用户在最短的时间内找到心仪的产品？这些都是产品开发者要不断研究创新的问题。

像"蘑菇"一样思考

高铭在《天才在左,疯子在右》的第一篇讲了"我是一朵蘑菇"的故事:

有那么一个精神病人,整天什么也不干,就穿一身黑雨衣举着一把花雨伞蹲在院子里潮湿黑暗的角落,就那么蹲着,一天一天地不动。架走他他也不挣扎,一旦有机会他还穿着那身行头打着花雨伞原位蹲回去,那是相当的执着。很多精神病医师和专家都来看过,折腾几天连句回答都没有。于是大家放弃了,说那个精神病人没救了。

有一天一个心理专家去了,他不问什么,只是穿得和病人一样,也打了一把花雨伞跟他蹲在一起,每天都是。就这样过了一个礼拜,终于有一天,那个病人主动开口了,他悄悄地往心理专家那里凑了凑,低声问:"你也是蘑菇?"

像"蘑菇"那样思考是打造精品大作的一种方式。因为在使用产品的用户里，不乏一批开发者认为的"疯子"用户，开发者自己觉得很好的产品，用户就是觉得不好，就像那朵"蘑菇"一直觉得自己是朵蘑菇一样，固执得没有理由。所以，要了解产品的用户反馈，要学会站在用户的视角去看产品，潜入"蘑菇群"，学习"蘑菇"的思考方式：我为什么觉得这个产品不好？这个产品哪里不好？

姚晓光曾讲述过这么一段产品开发经历："《御龙在天》还没上线时，我们把策划派出去，进入五个省的多个二三线城市，走访大量的网吧以及玩家。本地经销商和我们一起找玩家座谈，聊了很多。一个玩家拿着一只啤酒瓶坐在电脑边，'声泪俱下'地向我们倾诉'我就是喜欢游戏，花了很多钱但没找到快乐的体验'。这个案例对我们触动很大，发现了很多我们不该做的东西，迫使我们做出改变。"

在做产品时，如果我们找不到方向或是方向错误，就要学会反思，而反思查错最直接的方式就是向"蘑菇"们学习，扎根"蘑菇群"，了解"蘑菇"的思考方式，久而久之，看得多了，听得多了，你就能从"蘑菇"的视角去思考问题，用"蘑菇"的思维去处理问题。

腾讯公司有一个秘密武器：Support产品交流平台。这是一个让海量用户和产品经理直接进行沟通交流的平台，产品经理可以在平台的"我要说一下"里直接了解到用户的需求、用户对产品的质疑。

姚晓光说："分析后台运营数据也是了解用户的好方法。后台运营数据让我们知道不同情况下有什么问题，调整后有什么变化，便于科学管理产品。"它好比腾讯产品的一个大"蘑菇群"，这个群的存在，让每位产品经理得以学习"蘑菇思维"。在开发产品时，从这群"蘑菇"的视角去设计产品，才能设计出更能满足"蘑菇需求"的产品。既然你都是"蘑菇"了,"蘑菇"还能不接受你产的"小蘑菇"吗?

大家可能不知道,姚晓光在 QQ 上加了上百个玩家群,他也喜欢看群里那些玩家提出的各种"挑战",然后观察玩家对产品开发状况的反应,从而进行思考学习。要是开发了一个新版本,他就想知道群里会因此激起什么样的浪花;有时候自己觉得开发出来的新版本挺好的,但是玩家们却不买账。这里有"蘑菇群"最真实的反应,也是产品经理人最能了解用户反应的平台,在这样的平台待久了,你也就习惯从用户视角出发去开发设计产品了。就像姚晓光自己说的那样:"在'蘑菇群'中待久了也很有乐趣。"

马化腾在一次公司产品技术峰会上说:"产品经理要把自己当成一个'最挑剔的用户'。我们做产品的经理是有限的,交互内容很多,所以要抓最常见的一块。流量、用量最大的地方都要考虑,要规范到让用户使用得很舒服。要在感觉、触觉上都有琢磨,有困惑要想到去改善,如鼠标少移动、可快速点击等等。"

QQ 最初是在年轻人中发展而来,虽然后来吸收了大量昔日对手 MSN 的用户,成了全年龄段的用户产品,但因为微信对整个互联网用户的大规模分流,QQ 用户的构成又被再次重组。在所有的 QQ 用户中,有近六成是"90后"用户,而 QQ 会员里更是占到了近八成。QQ 用户呈现年轻化的特征。

如此庞大的年轻用户,对腾讯来说,既是好事也是坏事。因为要抓住这些用户并不容易,考虑他们的需求就更不容易了。很多互联网的大佬们在看待年轻群体时都表示有些头疼,因为很难琢磨现在的年轻人在想什么。

为此,腾讯首先使自己成为一个"最挑剔的用户",付出了很多精力去学习怎样成为一朵"嫩蘑菇",再用"蘑菇思维"去思考问题。为了让自己"年轻化"更是花招百出，从负责人到员工，都去主动体会和学习年轻人，努力向"嫩蘑菇"们靠近。就拿事业群的人来说，负责人从自身做起，带头学习，为了跟上年轻人的步伐，追年轻人喜欢的电视剧，看年轻人在弹幕中对电视情节的吐槽，了解当下年轻人的想法。

腾讯在成为一朵"嫩蘑菇"的道路上越走越远，在这个过程中，它的很多思维方式也就更多地从年轻用户的视角出发，它开发出了很多"蘑菇产品"，受到广大年轻人的喜欢，比如小小人的"厘米秀"。

厘米秀虽然也是一个虚拟形象设计系统，但与 QQ 秀有很大的不同。厘米秀更加看重立体化的表达方式。除了拥有 QQ 秀的装扮类玩法外，还添加了"厘米人"的互动功能，这也是年轻人比较喜欢的表达方式。如今，苍白的文字、单一的表情已经不能呈现年轻人的想法了，年轻用户需要更立体形象的产品来表现自己，这便是"嫩蘑菇"的需求。

现代年轻人的交流方式很幽默，在网上交流很少一板一眼地说话，他们更喜欢"耍宝"，既娱乐自己，也与他人相谈甚欢。"厘米秀"有立体的面对面聊天的既视感，更能够让年轻人展现自己心中夸张、搞怪的想法，娱乐自己的同时，通过开无伤大雅的小玩笑来调节气氛，拉近与朋友之间的距离。

"我是一朵蘑菇"这个故事的结局是这样的：

病人问心理专家："你是蘑菇吗？"心理专家点点头，但继续蹲着。过了一会儿，心理专家站了起来，走来走去，病人就问他："你不是蘑菇吗？怎么走来走去？"心理专家回答道："蘑菇当然也可以走来走去啦！"病人觉得有道理，就也站起来走来走去。又过了一会儿，心理专家拿出一个汉堡包开始吃，病人又问："咦，你不是蘑菇吗？怎么可以吃东西？"心理专家理直气壮地回答："蘑菇当然可以吃东西。"病人觉得很对，也开始吃东西。

几个星期以后，这个精神病人就能像正常人一样生活了，虽然他还是觉得自己是一朵蘑菇。

很多时候，一些用户的需求其实也是可以改变的，但前提是，你先得扎根到"蘑菇群"里，学会运用"蘑菇思维"去体会和处理事情，之后你才能设计出让"蘑菇"们满意的产品。

以理服人不如以情动人

吴起是战国时有名的常胜将军，他常胜的原因，一是因为他对兵法的运用非常熟练，二则是因为他对属下的体恤关怀。《史记·孙子吴起列传》有这样的记载："起之为将，与士卒最下者同衣食。卧不设席，行不骑乘，亲裹赢粮，与士卒分劳苦。卒有病疽者，起为吮之。"因为他对士兵的这种关怀，士兵愿意为他抛头颅、洒热血，最终成就了一支虎狼之师。

情感是人们沟通的重要语言，对于企业同样适用。无论是在企业对员工的管理上，还是企业对用户的服务上，"感情牌"总是屡试不爽。适时让员工和客户感受到真诚的关怀，也是沟通处理问题的重要手段。"伸手不打笑脸人"的情感攻势，比刻板教条更能抚慰和拉近人心。

很多时候，情感化的设计比刻板的教条约束更有用。以情动人便于沟通交流，能够和缓地解决问题。企业在管理员工时，要对员工有一定的情感关怀。一方面能够增进员工对企业的感情，另一方面也间接地服务了用户。

产品最终是让用户来检验的，而员工就是与用户接触最密切的人，员工对用户的态度会直接反映在对用户的服务上。在团队沟通的过程中，适当情感化的流程和安排能让团队成员更易接受，不易产生抵触情绪，从而提升整个团队的沟通效率和作战能力，留住竞争人才。

腾讯在产品研发设计、运营推广等一系列流程中，非常重视面对面的沟通交流。在这个庞大的企业里，有许多跨部门合作、异地合作的情况，但这些都不是沟通的阻碍。跨部门可以多跑动，异地可以多出差。

毕竟，很多问题是通过网络解决不了的，只有面对面的沟通才有效。而且，出差不光为项目人员的沟通交流提供了便利条件，也为员工带来了很多学习优秀经验与知识的机会，增强了员工的团结意识，使员工更有归属感，更能发挥出自己的潜力，自主地将自己的精力投入到产品的开发中。

许多腾讯的程序员都有深夜加班的经历，每次加班都有一种浴血奋战的感觉。他们强大的精神动力，来自于对腾讯价值观和文化的认可，他们想让腾讯成为受人尊敬的互联网企业，他们想让腾讯成为人们生活中水和电一般的存在，成为一种必需品。为此，他们可以奉献自己的智慧、宝贵的时间，充满斗志地为公司的前景努力拼搏。这也是企业和员工之间的情感纽带。

适当地和员工建立情感交流，能使团队交流更加顺畅，在提高员工的工作效率的同时，也让他们对企业能够最大限度地包容，热爱自己的企业，共同打造一个良好的企业文化。

情感既是人们沟通的重要语言，企业在服务用户时也需要与用户进行情感沟通，以情动人，对产品进行人性化的打造，抓住用户的心，提高用户的黏度。

在处理用户问题时，要理性与感性并用。理性处理可以作为一定的参考依据，但人是感性的动物，用户也大多是感性的，很多时候情感的关怀更能打动他们。比如，产品出了错，如果你直接和用户讲道理是说不通的，用户很多时候不会接受你直截了当的解释，这就需要你带着情感去打动用户、说服用户。

要想打好情感牌，就得在细节上下功夫。能够打动用户的都是一些不起眼的细节，它们看起来微不足道，却能成为利器。产品经理人最常说的一句话就是：每个产品都有几十个小的细节创新。在很多细节里加入服务用户思想的产品，就是一款人性化的产品。只有这样的产品，才能抓住用户的心。

腾讯的很多产品都注重从细节上抓住用户。比如运营了十年之久的QQ空间，曾经它是"80后"的小天地，如今它亦俘获了众多"90后""95后"的心。这款产品为用户提供相册、留言板、说说、日志等功能，用户还能装饰自己的空间，这就好比为用户设计了一个独特的网络私人空间。

在空间里，好朋友之间可以互相"串门"，查阅对方的心情、日志、照片，也能送上自己的想念和小礼品……这些小功能恰好是初高中学生喜爱的，他们喜欢变幻多样，而不是一成不变。这种以情动人的产品，本身就具有强大的情感力量，使得它不论在何时都能够拥有忠实的用户。

以情动人是一种柔和的处理方式，无论是从团队内部还是从用户的角度来说，必要的情感关怀都是不可缺少的，这也是现今许多企业制胜的法宝。通过一些情感化的设计来把控人才和用户市场，把控团队的发展，使企业在残酷的市场竞争中不断提升自身的竞争力，以占据一席之地。

腾讯人都是"追踪狂"

马化腾说:"在互联网时代,要时刻保持警醒,并在全球范围内追踪最前沿的技术,因为每时每刻都有新技术出现。"从第一个产品 QQ 到现在平台上大量的产品,腾讯一直坚持以用户需求和用户体验为价值导向进行研发。

在用户需求和喜好瞬息万变的当下,如何准确找到"95 后"甚至"00 后"人群的需求?

答案是"主动追踪"。可以毫不夸张地讲,在腾讯,每一个人都是"追踪狂",并且他们坚信如果不能主动踏入时代洪流,公司就会很被动。如何及时、准确地把握用户需求并融入技术创新,是各大互联网企业的工作,也是腾讯目前最重要的挑战。

据说在心理学研究领域有这样一个说法:人类天生是懒惰的,除非忍无可忍,否则人们很少会对外界事物做出反馈。比如一款产品,如果不是实在忍无可忍,90%的使用者都会沉默,当然在沉默的同时,他们可能会选择继续忍受这个自己并不喜欢的产品，也可能会悄悄地弃用这个产品，几乎不会考虑主动反馈产品的使用体验。

那么，作为一个合格的产品经理，如果想要尽可能多地获取用户的使用体验，该怎么办呢？下面这些追踪方法，或许可以帮到你：

1. 搜索关键词寻找用户的反馈；

2. 开设专门的产品论坛、贴吧，以供使用者和开发者及时交流；

3. 不定期通过邮件方式主动面向使用者做产品使用体验调研；

4. 线下集中问卷调研；

5. 电话回访。

马化腾曾经说过："高端用户不屑于去论坛提出问题，我们做产品的就要主动追出来，去查、去搜，然后主动和用户接触，解决问题。有些确实是用户搞错了，而有些是我们的问题。我们的心态要好，希望用户能找出问题，我们再解决掉。哪怕再小的问题，解决了也是完成一件大事……虽然公司没有明文要求，但是腾讯的工程师都养成了一个习惯，每两小时轮流检测、回复网上出现的用户提议。"

可见，不管是腾讯还是马化腾本人，都深知主动探索用户需求，主动进行产品升级迭代，乃至主动为用户创造更多价值的重要性。在这一点上，腾讯QQ就是最好的例证。

腾讯QQ作为国内最受欢迎的即时通信软件，自1999年2月正式推出，到如今已经为用户服务了18年，它背后的平台承载的功能也越来越丰富了。

1999年，腾讯QQ的第一个测试版本只包含一个简单的在线即时通信功能，但在后续版本中，QQ先后增加和完善了公共聊天室、文件传送、无线寻呼、手机短信、语音聊天、登录服务器智能自动选择、更换皮肤、隐身、对话模式、好友备注等诸多功能。尤其是 QQ2009 的正式发布，更是标志了用户价值的回归，腾讯 QQ 开始将为用户提供更多精细的、可定制的、体验感最佳的创新服务作为自身产品的最终目标。

腾讯人在短暂的 10 年间将一款没什么优势的即时通信软件做出那么多花样，通过不断地深度挖掘用户需求，再用不断迭代的产品满足用户的各类需求，最终打败各个同期竞争对手，成为当下最受欢迎的即时通信软件。

要知道当时除了 QQ，国内还涌现了一大批在线即时通信软件，如 PICQ、OMMO 等，新浪、网易、搜狐等也开发了类似的软件。而 QQ 之所以能够在如此众多的在线即时通信软件中脱颖而出，并最终打败其他竞争对手，占领中国在线即时通信软件市场，不仅是因为其界面清晰明了，操作简单快捷、容易上手的优秀特性，更重要的还是它深知客户体验的重要性，坚持以用户价值为导向。快速响应、持续改进的创新模式，深深地俘获了大批用户的心。

据说，当时腾讯的几位创始人曾日夜守在用户反馈意见集中的论坛和聊天室，认真记录和研究用户的每一条意见，据此分析出用户的真正需求，并以最快的速度在下一版本的软件中增加或者完善该功能。

如今互联网技术日新月异，新产品迭代频繁。在千变万化的市场环境下，用户的需求也在不断地改变和升级。如果你有幸聆听过互联网界最成功的产品经理们的教诲，你就会明白他们口中的"大干快上，迅速迭代"对于互联网企业来讲有多么重要了，因为机会一旦错过，就再也没有了。

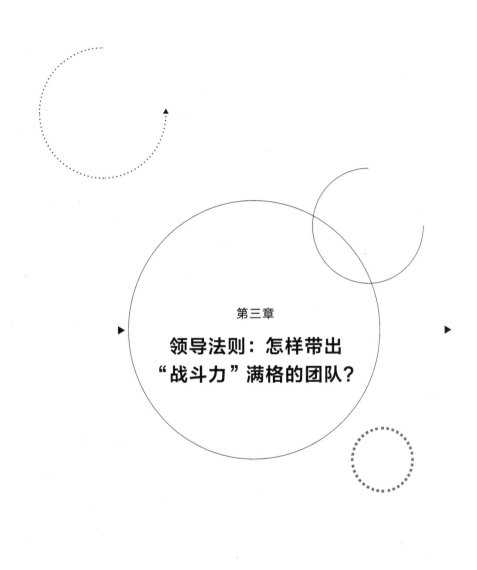

第三章

**领导法则：怎样带出
"战斗力"满格的团队？**

打造团队士气的关键

著名管理学家、华南理工大学管理学院教授陈春花女士曾经说过：领导是指影响别人，以达到群体目标的过程。在这个过程中，领导者需要做的就是订立方向、构建团队、促进变革。

领导者和管理者，这两者其实是有很大区别的。比如两者同属管理职能范畴，都需要发挥领导的职能，但管理者只需要解决问题，保持稳定，按章行事，对整个项目的绩效负责即可；而涉及方向确定、团队构建，乃至变革促进的领导者则是对整个项目的成长负责。

当然，领导这个职位的最重要之处还是把人用好。在日常管理中，用人经常会出现两种情况：做好事情和做不好事情。如果所用之人可以把事情做好，那么领导者就应该授权；如果所用之人做不好事情，只有两种原因，一是不会做，二是不愿意做，那么领导者对不会做的人就要提供培训，对不愿意做的人就应该进行激励。

由此可见,在一个团队中,领导者扮演着一个极其重要的角色。因为他不仅需要跳出团队,掌控团队的整体情况;同时又得身处其中,做好团队的"标杆",起到激励作用。榜样的力量是无穷的。如果你对员工有着这样那样的要求,作为一个领导者,你最好先"以身作则"。

腾讯创始人马化腾先生就是这样一个典型的例子。这里我们或许可以讲一讲马化腾和 QQ 邮箱之间的一个小故事:现在备受好评的 QQ 邮箱一开始并不被市场认可,用户大多反馈该产品非常难用,就连马化腾自己在试用之后也表示不想再用第二次。

于是,腾讯人又重新从用户的使用习惯和需求出发,项目组的产品经理被要求每个月必须做 10 个用户调查,关注 100 个用户博客,收集 1000 个用户体验反馈,以此来推进产品的二次打造。最终这加速了 QQ 邮箱的完善,成就了今天深入人心的 QQ 邮箱产品。

另外,关于马化腾"邮件狂人"的事迹,在《腾讯传》一书中也有诸多提及:

所有接受我访谈的腾讯人都对马化腾的"发邮神功"表示惊奇,甚至觉得不可思议。腾讯以产品线超长著称,但是马化腾几乎能关注到所有迭代的细节。

曾主持 QQ 空间开发的郑志昊告诉我,马化腾与他的团队的邮件往来起码超过 2000 份;2007 年,张小龙主刀 QQ 邮箱的改版,这在当时的腾讯体系内是一个非常边缘的产品,而马化腾在一年半的时间里,与他的团队来往了 1300 多份邮件。

一位程序员对我讲述过这样的经历:有一次,他做了一个 PPT,后半夜两点钟发给了马化腾,本想洗洗睡了,没料到过了 20 多分钟,马化腾就发回了修改建议。曾主管 QQ 会员业务的顾思斌回忆说,马化腾对页面的字体、字节、大小、色彩等都非常敏感。有一次,他收到一份邮件,马化腾指出两个字之间的间距好像有问题。

有一个在腾讯人中流传甚广的段子是:一天早上来到公司,发现 Pony 凌晨 4 点半发的邮件,总裁很快回了邮件,副总裁 10 点半回,几个总经理 12 点回复了讨论结论,到下午 3 点,技术方案已经有了,晚上 10 点,产品经理发出了该项目的详细排期,总共用时 18 个小时。张志东因此认为:"腾讯的产品迭代就是一个被马化腾的邮件推着走的过程。"

这些事例说明,腾讯深知对用户需求的深入洞悉可以快速促进产品的完善。作为腾讯的掌舵人,马化腾更是明白自己对用户需求和产品迭代的重视意味着什么,所以即便自称"不善言辞",马化腾仍尽可能地参与了腾讯所有的产品研发,通过发邮件的方式下了一局"指导棋"。有数据表明,在 2007 年和 2008 年上半年,QQ 邮箱先后有 400 多个创新点,其中,有接近 300 个都是由马化腾本人发现和提出的。

激励是领导者除了"标杆"作用之外,另外一项重要的管理措施。什么是激励? 激励就是如何使人更好地、更愿意地去工作。一个团队中,领导者除了以身作则之外,打造团队士气也非常关键。

首先领导者需要了解人为什么工作。人要工作的理由非常多,归结起来大约有五个方面:赚钱、消耗能量、社会交往、获得成就感以及提高社会地位。激励正是从这五个方面展开的。

在激励中,领导者必须明白以下几点:

第一,单纯的涨工资并不会带来满足感,只会降低不满;

第二,最低层次的需求如果得不到满足,影响力其实最大;

第三,人员不流动可能是因为自身安于现状、不求发展;

第四,人的需求很难满足,所以需要引导需求;

第五,满足感高的员工并不一定带来高绩效;

第六,不公平是绝对的,公平是相对的;

第七,如果人们愿意,他们可以成为自己所期望的样子;

第八,在工作超量造成疲惫,角色不清、任务冲突,待遇不公平这三种情况下,激励不会发挥作用。

那么,什么样的激励是有效的呢？一个能够同时满足重要性、可见度和公平感的措施就是有效的激励措施,比如领导者在合适的岗位安排合适的人完成合适的任务。

至于什么样的岗位是合适的岗位,什么样的人是合适的人,什么样的任务是合适的任务,我们将在后面的章节具体说明。

选对人才能做对事

在前文中，我们提到领导最重要的职能就是把人用好。因为不同的人有不同的特长，即便在同一领域、同一团队里，人员的能力也是有所区别的。

作为一个领导者，首先得学会识别和熟知手下人员的能力模型图情况；然后在分配任务时，充分考虑到不同的人有不同的特长，手下的人员能力分别在什么阶段，产品任务目前处于什么样的阶段，需要找什么样的人去完成某个任务；最后再将任务和人员做出恰当的匹配。这一切就好像我们做连线题一样，元素 A 和元素 B 要正确组合在一起，才能实现目标 C。

通常一个任务会有诸多影响因素，比如资源情况、任务要求、最终目标、时间限制等等。在人和事相互匹配的过程中，非常考验领导者对人和事的认识以及匹配的能力。腾讯游戏负责人任宇昕就具备这种非凡的识人、用人能力。具体要从任宇昕选择姚晓光为腾讯"打响移动游戏第一枪"的领衔人开始说起。

首先,姚晓光何许人也? 为什么任宇昕会选择他作为领衔人呢?

据有关资料显示,姚晓光曾任腾讯互动娱乐事业群旗下琳琅天上工作室总经理,也是中国最早的一批游戏制作人之一,缔造了《QQ飞车》《御龙在天》《逆战》等多款知名游戏,被誉为"中国游戏行业十大领军人物"之一。他曾在2012年的腾讯公司战略会上作为"打造精品"的分享嘉宾与张小龙、钟翔平(腾讯手机浏览器产品部总经理)同台给腾讯公司内部所有部门"一把手"进行了经验分享。

也就是说,姚晓光在被任宇昕委以重任之前就已经是腾讯顶尖的产品经理之一了。在他的能力模型图中,我们可以看到以下几个优势:

第一,姚晓光已具备游戏研发相关的成功经验,在客户端游戏时代已有多款成功的自主研发的游戏产品,充分验证了其在游戏产品开发能力上毫无问题,是腾讯内部数一数二的人选;

第二,姚晓光具有多年的团队领导和管理经验,曾任职腾讯互动娱乐事业群旗下四大游戏工作室之一琳琅天上工作室总经理,在加入腾讯之前曾是一名创业者,充满创业精神和创业特质;

第三,姚晓光已经是腾讯内部最受认可的顶尖产品经理之一,由他领衔具有极强的说服力,团队也将充满信心;

第四,姚晓光和任宇昕有着多年的良好合作互动关系,相互之间有足够深厚的信任基础,沟通互动毫无障碍。

的确,首发战略级产品负责人的选择直接决定产品的成败。任宇昕在做出选择的时候,想必是慎之又慎吧,直到最后才决定将"爱将"姚晓光推向前台,后来的事实也证明了任宇昕选择姚晓光是正确的,任宇昕选人用人的眼光十分独到。如今,姚晓光已经是腾讯公司副总裁了。

不仅是任宇昕,整个腾讯公司在对人才的管理上都有很多值得学习和借鉴的地方。腾讯的人才晋升渠道非常多元化,除了传统的管理晋升渠道之外,还设有不少专业晋升渠道。如果天生不擅长管理,你可以选择做好自己的专业和技术方面的工作,以此来获得更多的晋升机会。

这种管理方式十分符合我们在前面章节提到的团队激励有效原则,它能够同时满足重要性、可见度和公平感的要求,同时又实现了将合适的人安排在合适的岗位完成合适的任务的目标。

陈春花教授也曾提出"不要能人,只要'对'的人"的观点,甚至建议企业在做新业务和新产品的时候,可以考虑起用新人,不过前提是得有公司信得过的一个人,给他足够的资源和授权。这个观点倒和腾讯的理念不谋而合。

在选择姚晓光"挂帅"移动游戏开发团队之后,领导并没有任其"自生自灭",而是进一步提供了资源和人才方面的不间断支持。据《腾讯方法》一书记载:

腾讯互动娱乐事业群(IEG)副总裁曾宇先是发现姚晓光领导的琳琅天上工作室虽然是一个成熟的游戏开发工作室,却完全没有移动游戏开发的经验,而且本身已经担负了繁重的游戏开发和运营任务这个问题,于是就主动将自己管辖的在上海的一个专注于研究移动游戏和移动游戏开发引擎的团队(腾讯互动娱乐事业群新型游戏终端研究中心,约有120人)划给了姚晓光。

同时让其高级管理顾问王晓明去支持姚晓光,共同组建腾讯手游工作室。作为业内知名的组织转型专家,王晓明自2011年起成功辅导了腾讯互动娱乐事业群旗下的光速工作室、量子工作室、琳琅天上工作室和桌面安全产品部(电脑管家),深受曾宇的信任。

曾宇的这一系列举动充分显示了腾讯互动娱乐事业群内部对首发移动游戏的高度重视,以及内部完全以公司目标为核心导向的极为团结的团队氛围。

就这样,在腾讯移动游戏平台首发的几款战略级产品的开发上,以姚晓光为核心的团队组建完毕。2012年12月12日,天美艺游工作室正式成立。

一般来讲,对于非常重要的产品,企业都不会考虑起用经验不足的年轻人去做,但如果偏试验型或者用户年轻化,适合"90后"的创新型产品是可以让年轻人去尝试的。领导者在带新人的时候,首先就要观察新人在哪方面有比较突出的表现,然后安排他做一些自己擅长的事情,再按照由低到高的难度设置一些目标,以此来锻炼新人的能力。毕竟,杰出团队并不都是牛人,新人的成长对团队来讲也非常重要。

杰出团队并不都是牛人

在腾讯流传着这样一句至理名言："用人所长，天下无不可用之人。"除了任宇昕之外，创始人马化腾也是一位极其善于用人的领导者。

众所周知，在创业时期，腾讯的五位创始人在公司管理岗位上布局如下：CEO（首席执行官）马化腾，CTO（首席技术官）张志东，COO（首席运营官）曾李青，CIO（首席信息官）许晨晔，CAO（首席行政官）陈一丹。

其中，马化腾擅长产品，张志东头脑灵活、沉迷技术，曾李青大开大合、擅拿主意，加上"好好先生"许晨晔以及激情型人才陈一丹，为了能最大限度地发展个人优势，在创立腾讯之初，五位创始人就说好了要各展所长、各管一摊，搭档之间"合理组合"。

当然，腾讯除了在高层管理上分工明确，各取所长，对普通员工也是尽心尽责，不断发现、培养员工的长处和工作的激情，非常看中团队成员之间的互补性。

马化腾认为，公司的资深员工通常会比外聘的职业经理人更加了解腾讯的企业文化、产品性能、专业技术情况乃至用户需求，所以，近年来腾讯一边不断引入高层职业经理人帮助公司解决管理上的专业问题，一边也不忘在公司内部开展人才的挖掘和培养工作。

知名的"辅导年"概念就是这样产生的。"所谓辅导年，就是要求各层级的领导运用人力资源团队开发的标准化工具和流程，针对下属的业绩和发展提供教练服务。'辅导年'项目首先从最高层领导马化腾开始，对下属的实际工作进行悉心辅导，在总办的核心团队中推行验证后，再依次从高层、中层逐层往下普及开来。"

"辅导年"项目在腾讯内部全面推行开来，取得了很好的效果，不仅为公司储备了领导人才，同时也壮大了公司团队的力量，丰富了各方面的人才，在各个部门之间形成了很好的"互补"，对促进企业发展有十分重要的意义。据说腾讯近年来的成功，一定程度上正是得益于其内部自上而下推行了"辅导年"这个项目，以及不断重视团队培养，鼓励人才发展。

一般来讲，领导者知人善任，对员工的发展负责，就会让团队成员之间产生超强的互补性，这样团队中的每一个人的能力和价值都会被最大化发挥，进而形成巨大的能量；但如果领导者不关注员工的长处和能力，任其在公司自由成长，就很容易出现员工之间能力重合的现象，造成人力资源浪费。

如同我们在前面提到团队互补的重要性时强调的一样，领导者应该始终牢记"知人善用"和对员工发展负责的原则。腾讯就特别重视公司内部的人才管理，尤其是对高级人才的培养和管理。

作为腾讯人力资源管理执行委员会负责人，马化腾曾说过："如果从内部来看，我觉得最应关注的还是人才。中国互联网的市场前景机会非常大，但是我们看到很多企业在这个发展过程中有不同的表现,或者是不同的发展。事实上,我从这么多年的从业经验来说,最关键的还是人才的培养。一个企业未来能走多远、产品能够为用户创造多大的价值,更多都体现在对员工和骨干梯队的培养上。"

为此,腾讯内部也专门形成独特的"双通道"职业发展体系,允许公司员工依据自己的职位,对应选择该职位类作为职业发展通道,同时为保证从事管理工作的管理人员不断提升专业水平,除总办领导以及 EVP(首席副总裁)以外的所有管理人员必须同时选择专业族、技术族、市场族的某一职位类作为其专业发展通道,走双通道发展。也就是说,在职业发展体系的支持下,腾讯员工可以同时在领导力通道以及员工职业发展通道上双向发展。

目前腾讯通道职位规划大致分为市场族、管理族、技术族、专业族及操作族 5 个职位族,21 个职位类;各职位类下设若干职位。通过这种复合型职业发展体系培养出来的人才,基本上能够满足腾讯公司的人才培训需求,同时也让员工更有成长感和成就感。

有数据表明:腾讯将近 80% 的中层干部都是内部培养出来的。在 15 人左右的高层领导中,有 1/3 是创始人,多于 1/3 是内部培养出来的,少于 1/3 是"空降"而来的。

如此多样化的腾讯团队,才创造出那么多的可能。随着知识经济时代的来临,经济全球化加剧,市场竞争日益激烈,人才已经成为推动经济和社会发展进步的强大力量。

如何发现人才、用好人才,做到知人善任,人尽其才,是时代对领导者的基本要求;用人所长则是具体贯彻这一要求的重要原则和方法。

交代工作的方式决定你的领导力

"管人理事"是大部分人对于"管理"的理解,大多数时候人们在实际工作中会更加重视对人的管理,这也是中国管理的一大特色——"人治天下"。而和中国同处太平洋东岸的日本,在管理一事上,和我们则存在比较大的差异。

比如在日本企业管理理论中,最著名的就是品质管理。品质管理来源于日本"5S"现场管理活动,管理者通过让每一个进入现场活动的员工做好整顿(Seiton)、整理(Seiri)、清洁(Seiketsu)、清扫(Seiso)、素养(Shitsuke)这 5 件基础性的工作,实现对企业整体品质的有效管理。

当然,中国很多企业都进行了 ISO9000 的认证工作,但是在品质上,我们还是无法与日本的产品相抗衡。这是为什么呢?很多人认为是因为中国人的习惯不好,如果我们也像日本企业一样,进入现场就开展"5S"活动,我们也可以实现一样的品质。

但笔者认为,这个问题的根本原因在于两个国家在管理上的本质的不同。日本的管理者崇尚的是"管事不管人"的管理理念，而中国的管理者则过多地把管理焦点放在人身上，而事实上，人是无法管理的。

陈春花教授认为：管理中必须很清晰地界定每个人必须要做的事情，以及具体做事的标准。概括起来讲，就是管理本质应该是"管事"而不是"管人"。

从人性的角度来看，每一个人都希望得到尊重而不是被管理，人都会本能地高估自己的自我约束能力，尤其是具有自我实现能力的人，更加觉得给他提供平台发挥能力比任何事情都重要。在这样的认知条件下，如果我们不理解管理的重点在于管事而坚持管人的话，是得不到管理的效果的。

对于大多数员工来说，在没有清晰指引的情况下，他们并不知道自己应该做什么事情，所以只能凭着兴趣、情绪或者感情来做，最终可能导致一些无法评定，甚至是无法控制的结果。

下面我们讲一个培训行业的经典故事：一个咨询顾问到一家公司去，老板非常高兴地对咨询顾问说："你来得正好，帮助我培训员工，因为他们笨得像猪一样，我说什么他们都听不懂。"

于是这个顾问就去培训员工，但员工们的反馈却是："你快去培训我们老板吧，他讲的全是鸟语，我们根本听不懂。"

针对这个老板和员工根本无法对话的案例，陈春花教授在一次演讲中给出了这样的点评："既然员工'笨得像猪'，就应该用猪的语言去说，老板却用'鸟语'，员工当然不懂！"一语道破管理的意义在于让下属明白什么是最重要的，给予他们正确的方向指引和执行标准。

同样的事情在腾讯也时有发生，比如当初姚晓光奉命接手"天天"系列游

戏项目时,也面临过诸多管理问题。《腾讯方法》中提到了管理"七宗罪":

"罪状"一:小团体现象、官僚化问题严重。当时团队中11个基层组长中的10个均是同一家公司跳槽到腾讯的,据很多员工反馈,这些组长形成自己的小团体,然后相互偏袒,其他员工如果不与这些人靠近就会受到排挤。

"罪状"二:升上去的部分管理者不再干"事"了,导致团队成员都想成为管理者而非各领域的专家,团队整体氛围恶性循环,严重影响到整体项目推进。

"罪状"三:团队层级多,且管理混乱。从总监到制作人,再到项目经理,再到各专业线组长,最后到基层员工,总共才120多人的团队就划分了超过5个层级,甚至每3个员工中就有1个管理者,有时还会出现多头领导问题,足见当时团队管理之混乱。

"罪状"四:管理者用人不当,多个中层、基层干部无法胜任当前的工作。

"罪状"五:团队文化与公司核心文化严重不符,导致效率低下。经过第三方专业评估,该团队的研发效率只有很多创业公司的一半,存在多个项目严重延迟的现象。

"罪状"六:团队能力结构不合理,策划、美术能力严重不足。该团队属于产品研发团队,所以整体的技术能力还不错,但团队的策划、美术能力严重不足,并且在产品设计和运营方面严重缺乏经验,产品的质量保障能力差。

"罪状"七:团队人员盲目自信,未能及时看到自身不足之处。一位调查人员分析认为，在访谈过程中，团队负责人自以为是，很多员工表现自负，与外部资深业界人士对该团队的评价严重不符。

基于上面的管理"七宗罪"，天美工作室群进行了系统的组织梳理，对团队的愿景、使命、工作方法、团队文化和产品观等进行了全方位的矫正和重塑，并在新的战略指引下，进行了相应的组织结构调整，比如在团队内部推行扁平化结构、导入创业文化等。最终让这个曾经管理混乱、效率低下的研发团队脱胎换骨，变成腾讯游戏研发中的一支"尖刀部队"。

在企业经营管理中，常常出现这样一个现象：管理者似乎很喜欢把事情搞得复杂，以显示自己卓尔不群且富有深度。然而他们忘了管理最终还是要回到"管理者做出决定并让所有人执行它"这个本质上来。

这就要求管理者必须做出合格的决策。常言道"交代工作的方式决定你的领导力"，一个合格的管理者，在管理实施过程中必定会让他的下属清楚地知道什么是最重要的，应该做什么事情，以及具体的执行标准是怎样的。

我们常常看到企业的管理者每日忙于决定他们认为重要的问题，但是对于下属应该做什么，对于每一个岗位应该做什么却从来不做分析，不做安排，结果导致每一个员工都是凭着自己对工作的理解、对企业的热情和责任在工作，最终得出难以符合标准的工作结果。

这样的结果不仅是企业的损失，也是值得管理者自身反思的教训。

提升效率的管理圣经：把员工当用户

著名财经作家吴晓波在《大败局》一书中提到，中国草创型企业家有一个共同的"失败基因"，就是人文关怀意识的缺乏。现今社会，人才是企业的重要竞争力，每个企业都应该重视人才的培养，要把员工当用户，保证公司的后继动力。

马化腾曾说："腾讯的愿景是成为最受尊敬的互联网公司。什么是最受尊敬？可以从四个方面来谈……腾讯需要一大批志同道合、有奋斗精神的员工，团队紧密合作。我觉得这是腾讯成为最受人尊重的企业的必要条件之一。"从马化腾的话语中，我们可以知道有奋斗精神的员工对企业的重要性。其实员工积极向上的心态和努力奋斗的精神同样对企业提升管理效率有着非常重要的作用。

很多企业管理者对腾讯员工对待工作的态度表示羡慕，腾讯人都近乎狂热地把自己的精力投入到公司运行的每一个细节，其浓厚的工作氛围是很多公司比不上的。为什么腾讯的员工对工作如此"狂热"?

最主要的原因是,腾讯坚持"以人为本""把员工当用户"的管理理念。管理者把员工当用户,在满足员工基本需求的同时,也尽可能地满足员工自我满足的需要,相信他们管理自己和他人的能力,给员工成长的空间。

一方面,把员工当用户需要加分制和淘汰制的配合,提升员工的能动力。员工是人,不是机器,人不可能像机器那样能保证百分之百的正确率,是人就会犯错、出问题。所以,企业内部完全采用加分制的管理机制是不对的,这会让员工没有忧患意识。

商场如战场,残酷的竞争从来就是弱肉强食、优胜劣汰,若一直都是"周到福利"的机制,没有相应的淘汰机制,只会使员工沉溺于各自安好的状态,没有危机感,从而含混度日,在不知不觉中被对手淘汰。如果企业内部设立有淘汰机制,就会为员工营造竞争环境,树立员工拼搏向上的精神。

"不想当将军的士兵不是好士兵。"员工积极向上发展,能够发挥自我能动性,在淘汰机制的鞭策下,积极主动去提升自己。所以,提升管理效率,在把员工当用户时,需要加分制和淘汰制相结合。

举个例子,腾讯员工的内部晋升机制就是结合加分制和淘汰制制定的。一方面,积极鼓励员工晋升,重视员工的能力,员工在晋升考核方面有多个方向的选择。擅长技术的员工可以选择专业发展通道,以此成为骨干、专家和权威;想要成为管理者的员工可以选择管理发展通道,成为各层的管理者。专业通道和管理通道后期可以互换,专业通道每级也有相应的管理层。

另一方面,在积极鼓励员工晋升的同时,晋升考核方面也有相应的淘汰制。可以晋升,但同时也要承担被淘汰的风险。通过了晋升考核,就有大好的前途、丰厚的奖金福利在前方等你;没有通过晋升考核,就要被淘汰,让位于那些有能力的人。这就是一场能力的优胜劣汰比赛,会让那些有能力的员工更加积极主动,能力不够的员工也积极学习,努力争取不被淘汰。

因此,在员工体系的设计上要有全局观,不光要设计令人心动的加分制,也要设计出鞭策员工不断提升、发挥自我能动性的淘汰制,在企业内部打造公平透明的环境。

更有意思的是,如果能让员工感觉工作就像打游戏,那就更好了。他们会不由自主地付出精力和时间去钻研游戏技能,不断打怪升级。如果不能通过,就主动回炉重造。这无疑是刺激员工主动学习改变的最佳方式。

美国管理学大师、励志大师史蒂芬·柯维(Stephen Richards Covey)曾说:"人们对待生活的心态是世界上最神奇的力量,带着热忱、激情和希望的积极心态投入到生活和工作中去,能将一个人提升到更高的境界;反之,带着失望、怨恨和悲观的消极心态,则能毁灭一个人。"

秉持"能者上,平者让,庸者下"的理念,更能发挥员工的能动性,会让员工在日常工作中有更强的使命感,自发提升自己的工作效率,提升个人能力。

另外,提升员工效率,把员工当用户一样重视,也可以从量化员工的任务着手。许多企业都存在一个问题,那就是员工任务量化不公开透明。员工的工作任务总是从大方向上去布置,没有一个很好的阶段性细致安排,这就导致了很多问题,例如利益分配不均、任务分配不均、对任务轻重没有认知、对任务的整体进度把控不好等等。

因此,量化员工工作很重要。完成一个任务有许多环节,我们可以量化每个环节,使得这个任务从开始到结束形成一个完整的闭环。这也是一种提升管理效率的方式,员工可以更加清晰地知道自己在哪一块任务处理上还有所欠缺,从而查遗补漏。而且,量化任务后,后期的利润分配也会有更好的参考依据，能保证员工心服口服。因此要谨记：把员工当用户，重视员工任务的量化，重视员工把控任务的能力。

最后，无论是加分制、淘汰制，还是量化员工任务，在这些类似打怪升级的过程中，都可能遇见打不过的 boss，怎么办？就需要修炼技能，提升自我。从企业内部来讲，就需要培训。企业要给员工创造培训环境，一旦员工意识到自身的能力不足时，可以通过培训学习去提升自己，保证自己的工作进度。而员工所学专业技能越多，其处理应对任务的能力也就越强，竞争力也会越强。

"管"好新生代的 N 条法则

　　不少公司都会参与校招,那些即将从大学毕业的学生还是一张白纸,还没有沾染上社会的一些不良风气,他们的型还没有定,正是挖掘他们的潜力、培养他们的忠诚度的时候。但是,这些"白纸"有好处也有坏处,他们还没有经过社会的磨砺,还是一块原石,或许不太好管理,也不太好打磨。

　　一方面,随着新生代工作观念的转变,他们对"从工作中获得自我价值感和个人成长的要求"在不断提升;另一方面,互联网时代的工作与工业时代有显著不同,要求员工贡献更多的激情与创意而非模式化地执行任务。

　　由此,传统的管理模式把人力资源看作是效率工具,要求统一化行动,注重控制、制约、规范的模式,已经逐渐式微,这样的管理方式对新生代们不再有效。那么,作为一个成功的管理者,应该如何管理好这些新生代呢?

　　腾讯大大小小的项目团队,会自发形成教练辅导的机制。项目领导是教练,员工是学员。在这种关系里,教练会把自己所知道的以及掌握的技能教授给学员,带领他们一起讨论问题、解决问题。学员们一边工作,一边学习,有教练领路,他们的学习效率会提高许多,他们会变得更自信,战斗力也会增强。

这种"传帮带"的方式是无形的,但每个人都能感受到它带来的好处,因此它在腾讯保留传承了下来。其实,每一个行业都是如此。虽然说"师傅领进门,修行看个人",但并不代表师傅的角色不重要。

我曾经问过一个水果店负责切水果的员工:"你切得这么熟练,是在哪里学的手艺? 有专门的培训班吗?"

他回答说:"有师傅带,自己多练习。"

"谁是你的师傅?"

"我们店里的老员工、店长都会教。"

"你们每个人切得都一样吗?"

"不是的,这要看师傅怎么教。有的师傅教横切,徒弟就会横切;有的师傅习惯竖切,徒弟也会竖切。"

水果店尚且如此,其他行业也是同样的情况。教练的习惯、方式方法会对徒弟产生很大的影响。在电影《摔跤吧! 爸爸》里,女主角年少时在父亲的训练下发挥进攻优势,战无不胜。到了大学后,新的教练教她注重防守,她因此连连败退。教练的重要性可见一斑。

一个好的教练,不仅会将自己的经验教授给学员,而且会因材施教,在合适的时间用适当的方式教育学员。在腾讯,教练和学员常常在一起工作,共同解决难题,言传身教、活学活用的效果比学习"死知识"好很多。一个企业采用教练式管理,主要包含五条管理法则:

第一条,建立对信念、价值观和工作愿景的共识。

教练式管理是一门新的管理技术，能更好地激励员工，更加灵活，不会让员工思维僵化，能更好地提高他们的工作效率。在腾讯员工的身上，我们能窥见一些教练式管理的影子。在腾讯，员工们都是互相称呼各自的名字，上下级观念在这里并没有那么强，员工们在称呼马化腾的时候会亲切地称"小马哥"或者"Pony"，而不是生硬地喊"马总"或者"马董"。

教练式管理是从 20 世纪 90 年代的体育场上移植过来的。如果把一个企业看作一个体育项目，把企业的管理者看作体育教练，就会发现两者的相似之处。一个企业管理者不用做到事必躬亲，因为教练水平再高，也不可能代替运动员上场比赛，只能对运动员进行理念引导、技术指导和纪律训导，最终的成绩还是要靠运动员取得。

第二条，提出明确可行的目标，并协助他们达成。

"明确"代表目标的可量化，如什么时间完成、需要达到什么样的质量水平。"可行"则意味着目标的设定要在下属的能力范围内。目标定得太高，完成任务的效率就低，效果也不好；目标定得过低，浪费了资源，也不能让员工得到有效的锻炼。

教练与自愿被教练者是在深层次的信念、价值观和愿景方面相互联结的一种协作伙伴关系。只有当一方迫切需要进步和发展，另一方希望帮助对方去实现这个奋斗目标时，才能建立起这种卓有成效的协作关系。组织学专家保罗·赫塞(Paul Hersey)和肯尼思·布兰查德(Kenneth Blanchard)将领导定义为"通过与他人一起工作以实现某个目标"。

领导力权威专家约翰·科特(John P. Kotter)也曾指出，领导是"通过一些不易察觉的方法，鼓动一群人朝某个目标努力的过程"。"教练"一词在英语中被称作 coach，它的原意是一种马车。而教练者则是"coaching"，它的原始含义就是"把一个有价值的人从所在地送往目的地"。

教练者教练的过程不仅是实现一个目标的过程,同时也是一个挖掘学员、团队最大潜能的过程,它既着重于目标的实现,也着重于学员、团队在实现目标的过程中的成长。多数新人进公司一定是想学东西的,不管是学有形的还是无形的。

作为领导者,应该知晓对方擅长的是什么,什么又是他所不擅长的,并在他擅长的方向引导他成长,让他实现自己的价值并散发光和热。一个好的管理者应该做到的也是如此。

第三条,了解他们的风格、特长以及职业发展期望,帮助其发现自身潜力,实现自我成长。

每个人有每个人的学习方式,每种工作情况也有不同的教育办法。有时候,一个技术员遇到技术问题,若有比他水平更高的领导为他指点迷津,就能帮助他免除走弯路的麻烦;而有的时候,员工需要走一些"弯路"来帮助自己认识问题并且解决问题,实现自我的成长。

邀请玩家内测,是许多游戏公司会采用的办法,腾讯也不例外。当一款产品进入内测阶段,项目团队就会启动测试程序。参加测试的不是项目组和项目管理人,而是用户。在腾讯专业的用户体验室,由用户来进行测试,整个过程就好比专业教练给学员打分。

测试的结果通常会让设计者感到意外。很多时候,他们觉得很棒的功能,用户并不这样认为;他们认为很美的页面,用户可能觉得很丑。每次测试,都可能让设计者产生挫败感。有时候,他们会坚持自己的意见,甚至据理力争;而更多的时候,他们会听从大量用户的测试意见,默默地修改出新的版本。

毕竟,产品做出来是面对大众的,而不是只面对公司内部,只面对项目负责人。要面对市场,就要迎合"市场教练"——用户的要求。技术人员即使心里再不甘,还是得根据用户的意见修改被否定掉的设计,而这就是用户对员工的训练。在这样的训练中,员工才能不断地提升。

一款产品的好坏,不应当仅由公司内部管理者来评判。这样的做法说服力不强,还可能让员工产生逆反心理;而如果让用户去"训练"员工,"逼迫"他们做出改变,这就容易多了。

一个好的程序员一定是谦虚的。他可能不会接受某个领导的意见,但他一定会接受用户"教练"的吐槽。把用户当教练这种方式,虽然拐了一个弯,但员工会更容易接受。他们会及时发现问题,做出调整,不会在一条错误的路上一错再错。

第四条,给予及时、恰当的激励。

一般在项目组完成项目、取得成功时,许多公司都会选择用奖金来奖励员工,得到奖金的员工自然都是开心的、充满干劲的。但金钱的激励只是一部分,口头的鼓励也是必需的,一味地批评员工并不能让他们得到成长。当然奖励也并不局限于口头表扬或者金钱,有一句话叫作"润物细无声",多在其他无形的方面给予奖励,或许会得到更好的效果。

每年,腾讯、华为、阿里等大企业的年终奖发放都会引来一阵热议。涨工资、发奖金、颁发荣誉奖章等激励方式,不单是表达对员工付出劳动的感谢,更是给团队打强心针,是鼓励士气最直接的方法。

比如,2017年7月,腾讯公告称,将发行合计约1787万股新股奖励给10800名员工。其中,根据2013年计划,分别于2016年8月至2017年6月间向1686位员工授予5519965股奖励股份,以及于2017年7月10日向

9114 位员工授予 12350630 股奖励股份。2016 年年末,腾讯约有 3.1 万名员工,也就是说这次奖励了大约 34% 的员工,可见其奖励范围之广。

第五条,建立情感连接,和他们做朋友。

好的管理者会关心团队里的每一个成员,留意他们的生活态度和情绪,和他们做朋友。这样不仅可以拉近管理者和员工的距离,让整个团队更具有凝聚力,还能及时地发现员工的自身特点以及不足之处,提出善意的建议。

当企业的管理者能够和员工一起吃饭聊天、拉家常,关心彼此的心情、最近的烦恼,憧憬对未来的希望……员工会感觉自己受到了尊重,和管理者是平等的关系。如此,他们会产生归属感,发自内心地和公司站在一起。

尤其在创业公司,如果管理者总是忽视员工的心情,使员工的负面情绪没有渠道释放,就很可能失去一个原本很好的员工。而如果能够吸引并团结那些志同道合的员工,创业公司会发展得更精彩。

让下属趁早犯错

相信每个人都在自己的工作中犯过错，不管是初入社会的青涩期，还是已经在职场多年，犯错这个问题是一直存在的。只是相较于初入职场的新人，已经工作多年的"老人"犯的错误要少很多。犯错也分大小，简单地可分为小错、大错以及不可弥补之错。

犯错要趁早，为什么？

提出两个假设。现在有 A 和 B 两个员工，A 和 B 是同期入职的，因为是新人，因此一开始派给他们的工作都不是特别重要、特别核心的。A 有时候会犯一些错误，B 却一直没有犯过错。这个时候的你对 B 的感觉肯定是比对 A 好，但是你也不会辞退 A，因为 A 犯的都是小错。

随着他们入职时间渐长，以及对各自手头工作的熟悉度增加，你委派给他们的任务越来越重要。A 因为之前时常犯错，每次在犯错的时候都给自己提了个醒，因此不会再犯同样的错误，而且为了不再犯错，他做事的细心程度也比一开始进入公司的时候高了很多。在这个时期的工作中,A 可以做到少犯错甚至是不犯错,特别是在处理重要工作的时候,他都会上一百万分的心。

但是 B 因为一进公司就没有犯过错,对比时不时犯错的 A,就算领导没有拿他们两个做过比较,他心里都会有一定的优越感。因为相信自己不会犯错,所以很多事情都是一遍就过。然而因为他的自信,他犯错了,而且犯了一个大错,这个错误导致项目延误、公司遭受损失。如果要你选择,你宁愿自己的员工是 A 还是 B?

让下属趁早犯错,是为了让他以后少犯错误,甚至不再犯错误。可能你又要疑惑了,那他们犯了错误,作为一个管理者,应该怎么去应对呢?不同的错误有不同的应对方法,这里的错误主要分为两种:可以挽救的错误和不能挽救的错误。可以挽救的错误是指那些不会伤害公司和他人利益的错误。在一定的范围内,员工有犯错的自由和权利。很多时候,错误是财富。

员工一旦犯错就应当受处罚,这是许多企业的管理规则。在有的企业,员工处罚条款条条框框,非常具体。这样的结果就是,员工做事十分小心,生怕踩了红线,毕竟犯错轻则扣奖金,重则被"炒鱿鱼"。

腾讯不是这样的。腾讯对错误有极强的包容性,只要不是特别重大或原则性的错误,有正当的犯错理由,就可以原谅。尤其在产品研发阶段,技术工程师会犯下许多错误,但由于这些错误是为了更好地呈现产品,因此就会被合理宽容。

因为腾讯很清楚,若要创新,必定会犯错,创新的路上不会一帆风顺。即便是一款较为完善的产品,也会在日后不断更新换代,弥补各种漏洞,慢慢趋于完美。产品大师们相信,世界上没有完美的产品,只有下一个更好的版本。一个产品如果能够生生不息地迭代下去,那就说明它是伟大的、可持续的,它具有强大的生命力。而每一次迭代，都是对过去错误的弥补。

再看看腾讯公司是如何对待不能挽救的错误的。2015年7月9日，腾讯发出了这样一则消息：

调查显示，多名在线视频相关业务员工存在贪污受贿行为，触犯了公司"高压线"并涉嫌违法。目前公司已向警方报案，正等待处理结果。

在去年一次常规内部审计过程中，公司发现前两年的视频内容采购过程存在疑点，随即报案。公安机关侦查后认为涉及贪腐，当事员工勾结视频供应商抬高采购价，从中大肆渔利。从2014年开始，先后已有五六名涉事（前）员工被警方逮捕，案件仍在进一步调查之中。

根据公司的"高压线"制度，腾讯对"收受贿赂或回扣的行为"、"从事与公司有商业竞争的行为"、"与公司存在利益冲突或关联交易的行为"、"违法乱纪行为"等都有严格要求，形成了公司人人皆知的"高压线"。违者轻则解除劳动关系，重则移送司法机关追究刑事责任。

今年4月，腾讯公司就曾内部通报了四起违反"腾讯高压线"的事件，其中两起便涉嫌"非国家工作人员受贿罪"，被移送到公安机关处理。腾讯反舞弊团队收到举报并调查证实，公司一名员工收受西安一家代理商贿赂，共计人民币数十万元。这名员工随即被解除了劳动关系，并已被公安机关刑拘，行贿方和外部犯罪嫌疑人也被警方抓获。南山区人民检察院已经对收受代理商贿赂的员工批准逮捕。

腾讯公司重申，"高压线"是腾讯文化和价值观所不能容忍的行为界线。长期以来，公司已经形成了"正直"的工作环境，绝大部分员工保持积极阳光的工作心态，并用自身的行动坚守腾讯文化，传递"正能量"。

但仍有极少数人触犯"腾讯高压线",甚至触犯法律,损害了公司的形象和利益,伤害了客户及合作伙伴对腾讯的信任。

从去年开始,腾讯公司内部已对全体员工进一步强化普及由 HR、内审共同制定的《员工阳光行为准则》,对员工行为指引做了更具体的要求,重点对"高压线"进行升级。员工个人行为一旦触及"高压线",无论事后是否转岗、离职,均一律诉诸法律处理,绝不姑息。同时,公司也会密切配合警方打击犯罪,抓捕涉案的外部人员。

不仅腾讯如此,贪腐问题在各大企业都是不可原谅的重大错误。华为创始人任正非曾说:"在华为公司的前进中,没有什么能阻挡我们,能够阻止我们的,就是内部腐败";"华为公司最宝贵、最伟大的财富就是管理平台,维持生存的根本就是不能腐败";"对于腐败问题,华为一向是'有必查,查必严'"……

对于企业来说,一方面需要通过健康的企业文化熏陶员工,另一方面也要有严厉的措施,警示员工不能犯大错。这样的措施,不仅对企业发展有益,对于员工的个人发展也有极大的帮助。

奖励就是要大张旗鼓、旗帜鲜明

美国著名社会心理学家亚伯拉罕·马斯洛（Abraham Harold Maslow）在《动机与人格》中提出了著名的"需求五层次论"。其中可以看到，人的需求是层层递进的，在递进之前需要上一层作为基础。美国心理学家道格拉斯·麦格雷戈（Douglas McGregor）根据马斯洛早期的"需求五层次论"，将管理理论分为 X 理论和 Y 理论。

X 理论是专制主义的管理理论，这种理论假设人们工作是受生理和安全需要的驱使，工作只是满足低层次需要的手段，人在本性上是厌恶工作的，因此管理者对工人必须采取指导、控制、逼迫甚至惩罚的方式。

麦格雷戈反对这种理论，提出了他的 Y 理论。作为 Y 理论基础的是马斯洛需求层次中的情感和归属的需要、尊重的需要和自我实现的需要。然而，美国管理心理学家约翰·莫尔斯（John J. Morse）和杰伊·洛希（Jay W. Lorsch）在经过了实验之后，质疑了麦格雷戈的这一理论。

莫尔斯和洛希根据"复杂人"的假定,提出了一种新的管理理论——超 Y 理论(于 1970 年在《哈佛商业评论》杂志上发表)。超 Y 理论是在对 X 理论和 Y 理论进行实验分析比较后提出的,它既结合 X 理论和 Y 理论,又不同于 X 理论和 Y 理论,是一种主张权宜应变的经营管理理论。

后来,马斯洛在研究了东方的文化之后,认为人类天性中还有一种固有的精神维度,那就是作为最高需求层次的精神的自我实现或超越的自我实现。他愈来愈意识到,一味强调自我实现的层次,会导向不健康的个人主义,甚至自我中心的倾向。于是,他在去世前发表了一篇重要的文章《Z 理论》(*Theory Z*),文中反省他多年来提出的需求理论,并增加了第六个需求层次,即灵魂的升华。

这些理论都表达了一个观点:人是有高级精神需求的。它对我们的启示是:员工在公司工作,除了要满足员工的基本需求,还应当关注员工更高级的精神需求。人为什么要工作? 最基本的理由自然是为了满足自己物质上的需求,而人也是有惰性的,这个时候就应该使用激励手段让人更加努力奋斗。

有这样一个寓言故事:养驴人为了让驮着重物不愿意走路的驴子一直往前走,在它的眼前吊了一根胡萝卜,驴子为了吃到那根胡萝卜,就会不停地往前走。为避免其闹脾气而罢工,有时候也会给一点甜头——让它吃一口胡萝卜。这就是激励。

其实只要驴子驮着东西回到家便会得到一顿犒劳它的干草,但是这干草是它目前看不到的奖励,又或者它觉得不管自己劳不劳动,反正回去之后都可以吃到那一顿干草,所以它就不想动。而它眼前吊着的那根胡萝卜是它看得见的,它觉得自己只要努力就能吃到,所以才会一直朝前走。

一个企业的激励制度也该是如此,为什么要大张旗鼓、旗帜鲜明呢? 就是要让员工知道,在做了该做的事情,或者更好地完成了任务之后,就会有奖励,这样就会使员工更加努力地前进。

而如果一个公司设置了奖励措施,但是大家都不太清楚自己要怎么做,要做多少才能得到奖励,就会让公司两极分化。努力的更努力,偷奸耍滑的更偷奸耍滑。前者觉得只要自己非常努力了,就可能拿得到奖励,后者觉得不管自己怎么努力,都拿不到奖励,还不如不努力。所以,要让员工全部明确奖励措施,才会让他们更有干劲。

在2015年的腾讯圣诞晚会上,设定了38888元的现金奖,价值25万元的北极双人极地游和其他成百上千的现金奖,这些奖励自然是具有诱惑力的。腾讯的某些福利也在微博上引起争论:五点半下班,六点半的时候有公司的班车送你回家;八点有工作餐,菜式多,管饱,还有饭后水果;而加班到十点之后,回家可以打车报销费用。当然,这些只是冰山一角,腾讯的福利不止于此。而这么多福利的背后,目的是什么呢?当然是让员工好好工作,安心工作。

此外,腾讯还开设了腾讯学院,员工可以去免费学习;公司内部也有无数协会,员工可以选择自己喜欢的参加……还有更多的福利。这些就是在满足员工的基本需求之后更高的需求。给员工这么多福利,员工自然也会相应地去努力。毕竟大家都有一个共识:想让马儿跑,就要给马儿多吃草。

在薪酬方面,除了固定工资,腾讯公司还设有年度服务奖金、绩效奖金、专项奖励和股票期权等多种激励方式。有付出才有回报。完善的激励制度不仅能让公司的员工更加努力地工作,还能吸引那些有才能的外部人才,让公司发展更上一层楼。

机会均等，支持"窝里斗"

很多管理者非常反感"窝里斗"，觉得有碍团结。但说到"窝里斗"，不得不提到一个词：螃蟹效应。什么是螃蟹效应？螃蟹效应又称 Crab Bucket Syndrome 或 Crab Syndrome，意思是当你用一个窄口的藤篮来装螃蟹的时候，装一只，螃蟹会很快就爬出去，但是多装几只，螃蟹就爬不出去了。

当一只螃蟹往上爬的时候，有的螃蟹会伸出自己的钳子扯住它的腿，也会有螃蟹想踩着它往上爬，如此互相拉扯，没有一只螃蟹会成功爬出去。管理者们担心的也自然是这样的问题，他们认为"窝里斗"会产生矛盾，员工之间拉帮结派，只顾个人利益，公司内斗不停，影响业务发展。

有些人在晋升之后就只做管理不做业务了，严重地影响了他们手下的员工。基层员工会认为，只要竞争成功当上了项目组组长，就可以不用具体操作项目，只需伸伸手指挥一下，把人管好就行。他们争斗的重心也从努力把工作做好，争取使项目走得更远，变成我要爬得更高，然后去指导别人做项目。

上述"窝里斗"现象的确是企业的一大病害。但任何事情都有好的一面和坏的一面，我们只看到了矛盾，为什么不想想另外一面？公司给予员工的机会是均等的，我们需要一个好的管理者来对员工进行引导，让他们知道怎样的"窝里斗"是可以提倡的，怎样的"窝里斗"是被禁止的。

在华为、腾讯、海尔等企业中，有一种共同的工作文化，即"赛马机制"。同样的项目，同时安排两个内部团队来做，谁做得好就用谁的，谁做得差就被淘汰。这是一种良性的用人机制。

海尔集团首席执行官张瑞敏曾说过："给你比赛的场地，帮你明确比赛的目标，比赛的规则公开化，谁能跑在前面，就看你自己的了。"

"兵随将转，无不可用之人。作为企业领导，你的任务不是去发现人才，而是建立一个出人才的机制，给每个人相同的竞争机会。作为企业领导，你可以不知道下属的短处，但不能不知道他的长处。"

"每个人都可以参加预赛、半决赛、决赛，但进入新的领域时，必须重新参加该领域的预赛。"

在以上人力管理思路的指导下，海尔建立了一系列"赛马规则"，包括三工并存、动态转换制度，在位监督控制制度，届满轮流制度，海豚式升迁制度，竞争上岗制度和较完善的激励机制等。

"赛马规则"可以有效地解决内斗产生的各种不良结果，但话说回来，"赛马"又何尝不是一种比斗呢？人与人之间的竞争关系是常态，从上学的时候争谁的成绩更好，到工作之后争谁的业绩更好，这些都是良性竞争。只有良性竞争才能更好地促进员工的发展，促进公司的发展。

如果把人与人之间的竞争称为"小斗"，那么项目与项目之间、公司与公司之间的竞争便能称为"大斗"。若是同个公司的项目组之间争斗了起来，是不是会两败俱伤？老板又会不会乐意看到这种竞争？

腾讯就如此争过。QQ 和微信都是腾讯公司旗下的聊天软件，虽然各有各的不同，但主要的聊天功能是一样的。微信的出现，可以说抢走了 QQ 的一部分用户。有些用户直接弃用了 QQ，转投微信；当然，也有一些用户只用 QQ，拒绝微信。那么微信的出现是不是为了和 QQ 打擂台？当然不是。

QQ 自 1999 年被开发出来之后，至今已经有 18 年的时间了，用户们已经习惯了 QQ 的附加功能，但可以明显地发现，QQ 的大龄化用户很少，因为很多中老年人不喜欢这种花哨又复杂的软件，可是 QQ 已经被定型，再加上这个时候，触屏手机的普及以及各类聊天软件的出现让腾讯感受到了危机。微信，便是在这个时候诞生的。

不能否认，微信确实是抢走了一部分 QQ 的用户。它最初是一个只能在手机上运行的软件，界面简洁，操作简单，支持语音，让很多不会打字的中老年人都能愉快地使用。语音的操作也吸引了更多的用户，即使后来 QQ 也推出了发送语音的功能，但已抢不回微信夺去的江山。

微信和 QQ 有重叠的功能，但又各有区分，因此它们有重叠的用户，也有各自的用户。

它们既是竞争关系，却又互补。虽然被人看作是"窝里斗"，但不能否认的是，微信的出现替腾讯开发了更多的潜在用户，使腾讯的用户群更大，再加上后续开发的各类用微信和 QQ 登录的手游，使得腾讯公司入账了更多的资金。所以，不论是大斗还是小斗，只要斗的方向对，就应该支持斗，鼓励斗。

团队 VS 公司，谁的目标更重要？

只有目标一致，劲才能往一处使。那么当团队的目标和公司的目标发生冲突时该怎么办？这时，我们应该把公司的目标分为大目标和小目标。大目标是公司的长远发展，小目标是公司近期的项目任务完成。大目标上是不可能冲突的，就算一个公司的团队再多，所做的一切也都是为了给公司带来利益，而不是想着法子拖垮公司。而在小目标上，一个大公司同期会有很多个项目，这些项目有可能是竞争的状态，这个时候难免会发生目标冲突。

项目繁多，公司必定会有重点项目和非重点项目。就好像腾讯在做手游的时候，同期那么多款手游，必定是有主推手游的，这个主推手游也算是团队的近期目标之一，但是其他没能被重视的手游难道在自己的研发团队中就不重要了吗？并不是这样。每个团队必然把自己的项目看作是最重要的，并且还想与公司主推的项目争个高下，以证明自己的团队是很厉害的，团队的项目并不差。

当目标发生冲突的时候,必然有一方要妥协。哪一方妥协,不应该由"暴君政策"来决定,而应该由一个统一的理念来决定。它基于公司和团队的一个统一目标,可以看作是比小目标再高一层的中等目标。腾讯的这些项目主要面对的是用户,所以就以用户价值作为标准。

现在的企业大多是民主的,大家讲求合作精神,彼此尊重,互相商量,求同存异。腾讯的大决定也不是由马化腾一个人就能拍板的,而是几个联合创始人在一起开会,经过讨论才能做出一个最终的决定。

作为一个领导者,应该具备长远看问题的眼光,而不是仅仅局限于眼前,应该有大局意识,而不是各居其位,各说各话。

2013年,腾讯决定打入手游市场,准备推出的就是"天天系列"的游戏。腾讯让微信和QQ两个平台同步推广,既能为游戏积攒用户,也能让一些没有账号但玩游戏的人申请QQ或者微信的账号。

因为是腾讯推出的第一款手游,公司对它不可谓不重视,甚至还专门成立了一个工作室,招贤纳才,就是为了能让它为腾讯打开手游市场。当时腾讯同时选定了两款游戏进行开发,投入了大量的资金以及人力,而这些投入也算是不负所望,《天天爱消除》在一个月的时间内就已经进入测试阶段,并且反响不错。然而正当《天天爱消除》准备正式推出的时候,却被另一个小游戏给"截了胡"。

自微信更新了5.0版本之后,文艺调的欢迎页不见了,取而代之的是一款涂鸦画风的小游戏——《飞机大战》。《飞机大战》一出,众多的微信用户沉迷其中,微信朋友圈也被《飞机大战》给刷了屏。有这么多人沉迷其中,不得不说,这款游戏虽小,却是极为成功的,它甚至还为微信拉来了不少用户,这些用户注册微信的主要目的就是玩这款游戏。

　　然而大家不知道的是,这款小游戏是仅仅靠一个人花了七天的时间开发出来的。且不说这期间它有没有受到腾讯领导层的重视,但它的确是抢了《天天爱消除》的风头。

　　《飞机大战》和《天天爱消除》同为休闲游戏,他们的用户群体是有重叠的。人的精力都是有限的,把时间花在了这款游戏上,就没有时间去玩另一款相似的游戏了。《飞机大战》比《天天爱消除》先推出几天,自然会对后者造成影响。

　　目标冲突了吗? 冲突了。腾讯主推的是《天天爱消除》,却被同公司没有花多少人力、物力的小游戏抢了风头。但无论过程如何,即使《飞机大战》抢走了《天天爱消除》的用户,管理者也不会因此轻看一个人研发出的产品的效果。腾讯开发"天天系列"手游的目的是打开手游市场,最终目的是抢占市场,赚取利润,而《飞机大战》实现了同样的效果。作为一个道具收费的游戏,它同样能为腾讯带来收益。目标虽然有冲突,要达到的效果却是一样的。

　　由此可见,目标冲突其实不重要,重要的是最后能不能统一理念。只有理念统一了,才能解决根本矛盾。

"参与感"不仅适用于营销，还适用于管理

如何提升公司员工之间的凝聚力？你或许用过很多方法，这里我们着重提到的是参与感。

说起小米的营销方法，许多人的脑中会浮现"饥饿营销"四个字，这是他们的营销方案之一。但若是没有一个基础，再饥饿营销的产品也卖不出去，这个基础便是产品的口碑。在《参与感：小米口碑营销内部手册》一书中，就提到了"口碑为王"这句话。有了口碑，才会有人为产品买单，而口碑积累最重要的方法便是参与感。

参与感很重要。比如消费者选择商品，也是需要参与到商品选择中去的。随着时间的推移，商品选择发生了很大的演变，可以分为三个阶段：

1. 功能式消费；

2. 品牌式消费；

3. 参与式消费。

　　假设现在你面前有 A、B、C 三家服装店,且这三家服装店的衣服的风格、价格、质量都相差不大,只是 A 能看不能试穿,B 是品牌服装店,C 是可以试穿的服装店。如果现在要你选择,你会选择哪一家?

　　毋庸置疑,大多数消费者都青睐参与感更强、可试穿的 C 店。其实,这三家服装店就是消费者消费习惯变化的缩影。从以前的供销社,到后来的品牌店,品牌越来越多,商品也越来越多。这之后,消费者自然就会面临选择,有选择就会有比较,那么参与体验就是最好的选择,消费者可以挑选出最适合自己的商品。

　　有参与体验,才会有感受。参与者觉得自己体验后足够满意,也会向外再扩散,让更多人参与这项商品的体验,这样,就既形成了口碑又获得了用户,不得不说是一个非常棒的营销方式。

　　许多人在淘宝、京东上购买商品的时候,都会翻看商品的用户评价,看看他人使用后对这件商品的评价如何。用户重视商品的使用感,所以想要从参与过商品使用的消费者身上得到信息。而在自己使用了这款商品之后,若发现真的不错,就会决定下次继续购买,这是自己的参与感。良好的参与感就可以形成口碑。

　　小米用 MIUI(米柚)创建了他们最初的口碑。MIUI 是小米科技旗下基于 Android 开发的手机操作系统。MIUI 一共有三个口碑节点:快、好看、开放。这里主要说的就是它的第三个节点——开放。这里的开放指的就是允许用户根据自己的习惯和喜好来重新编辑订制 MIUI 系统。

　　MIUI 的开放使得用户的参与度非常高,不只是中国用户参与,也吸引了许多外国用户。手机发烧友有很多,他们被 MIUI 吸引,使用之后又把它推荐给好友。这就是 MIUI 口碑形成的过程,通过参与、体验、宣传,使小米积累了一批原始用户。

小米的联合创始人黎万强在《参与感》一书中总结了关于参与感的"三三法则":

三个战略:做爆品,做粉丝,做自媒体;

三个战术:开放参与节点,设计互动方式,扩散口碑事件。

"三三法则"把小米的用户很好地凝聚起来,并在此基础上增加了更多用户。把这条法则转化一下,也是可以运用在公司内部管理上的。就像套用数学公式一样,参与感这个公式可以用在营销上,自然也可以用在管理上。

没有凝聚力的公司就是一盘散沙,这些沙子会随波逐流,离开或是静静地待在原地,单个的它们是无法发挥出自己的最大作用的。就像一句谚语:一根筷子易折断,一把筷子折不断。只有员工和领导紧紧地凝聚在一起,才能把公司发展得更好。而让员工凝聚在一起的方法,就是增强员工的参与感。

要知道,一个项目成功时,参与过这个项目并为之努力的人会比那些没有参与项目的人更高兴,这是为什么? 因为这成功里也有他们的一分力量。但是,有些员工在工作几个月后,发现自己一直没有参与进公司的真正业务,每天做着一些外围的工作任务,看着别人做项目,看着别人得奖励,感觉自己与项目没有关系,这就使得这些员工的参与感不高,对公司也没有归属感,那么最后,他会做的选择必然是离开。其实,在公司管理上,要求员工每天都聚在一起的一个重要目的,便是增强员工的参与感。

以腾讯开发的《摩登城市》游戏为例。《摩登城市》这款游戏在前期的开发比较失败,失败的原因之一就是它的开发团队管理有误。为什么这么说? 为了总结失败经验、改正错误,团队内部进行了交流,交流后发现,很多团队成员对项目本身很不了解,不知道要干什么,也不知道做的是什么。"忙的时候忙死,闲的时候闲死。"某位产品测试员说道。

此外，沟通也是问题。产品测试员的办公楼层与产品开发人员的楼层不在一起，就使得沟通交流有很多不便，出现很多问题，许多员工有了得过且过的心理，参与感不高。

正如某位游戏开发者分析前期失败原因时说的那样："我觉得问题是，给的都是具体任务，但我们根本不知道这些任务完成后要实现什么功能，很难发挥我们的创造性。"连自己做的是什么都不知道，又怎么全身心地投入呢？这也是《摩登城市》的问题所在：团队信息不透明，员工没有全局观，不能很好地承担责任。很多任务都是员工等着负责人分配，员工对负责人高度依赖，这就产生一些问题，比如产品管理者忙得要死，其他人却闲得发慌。

总结了前期失败的经验后，《摩登城市》游戏开发团队建立起一系列参与感极强的员工管理方式，比如"故事墙"，把所有问题、流程进度都梳理出来贴在墙上，让大家都可以看到，将信息透明化。这样做的好处就是，游戏开发的每位成员都能从全局观出发，解决团队问题，了解团队进度。所有人都可以参与到这个项目中，也可以了解自己在这个项目中所处的位置，员工的参与感因此极大地增强了。

员工的参与感很重要，就像盖房子，如果管理者是房顶，员工是砖块，只让单个员工参与公司的建设，房子是盖不成的，只有让全部的员工参与进来，才能盖成一幢既漂亮又牢固的房子。在万科，公司的 HR 就积极地推动了一个计划——"达尔文计划"。在这个计划里，公司会把权力交给一线的员工，相信员工和团队的能力。这就是公司对员工的信任，积极邀请员工参与公司项目建设，从而提升员工的参与感。

此外，互联网的去中心化也是这个意思。官僚主义在现代社会已经行不通了，只有通过不断地创新和改革，去官僚、走平民，增强员工参与感，才能让公司变得更加完善，得到更多发展。

第四章

组织与文化建设：
最怕就是"纸上谈兵"

文化不是纸面上怎么宣传,而是如何思考和做事

乔布斯曾经说过:"文化不是纸面上怎么宣传,而是信仰什么、如何思考、如何做事。"企业的文化是企业的灵魂,也是推动企业发展的不竭动力。企业文化或许在许多人眼中就是公司墙上贴的几句让人鼓起干劲的话,让员工背几句能表达公司精神的口号,但其实这些并没有什么作用,就算员工硬背下来,有没有真正地放在心上也说不定。

一个好的企业文化应该是讲究"润物细无声"的,或许没有多么明确的规则,但能让人记在心中,让人通过它去思考自己做事的标准。

腾讯的企业文化是什么? 一句话很难说清。

腾讯内部每年都会做关于公司满意度的调研,文化在各种指标里一直是名列前茅的,每一个腾讯人对于自己公司文化的满意度都是很高的,即使离职了的前腾讯人也很少有说腾讯坏话的。这个现象非常难得,特别是在知名公司里。企业文化如何深入人心? 腾讯是这么做的:1.找到员工关心的点;

2.软硬兼施;3.发动群众;4.用心。

关于如何找到员工关心的点,腾讯有一个内部论坛,在这个论坛里大家可以自由地抒发自己的意见。

论坛上曾有这样一个帖子。腾讯的北京分公司在冬天的时候都会开暖气,有个员工觉得办公室热,虽然他给自己加了一台风扇,但还是觉得热,于是他就在论坛上发了帖子。帖子里他并不喊热,只发他桌上放着的一只温度计的照片,每周都发,非常执着。这个时候和他有相同想法的人自然就会产生共鸣,然后回帖,那些喜欢看热闹的"吃瓜群众"也会把他的帖子"顶"上去。像这样的内部论坛,拉近了员工与员工之间的距离。

在这个互联网爆炸的时代,没有什么消息是能紧紧捂住的,与其让员工在别的平台吐槽自己的公司,还不如在内部开设一个论坛,让大家说出自己的心里话,这样既能聆听员工的心声,方便根据建议做出整改,也能防止那些抱怨在别的地方扩散开来。有些公司会设置意见箱,和内部论坛的方式有异曲同工之处,但是内部论坛明显更适合现在这个时代。

腾讯对待员工很好,但是在宽松之下也有制度。比如说在腾讯有"阳光""瑞雪""荣誉"三个品牌。"阳光"和处罚相关,"瑞雪"属于一个缓冲地带,或许不在处罚范围之内,但是会影响公司的气氛。"瑞雪"管的是生活中的一些小事,比如上厕所不冲水,就是一件"不瑞雪"的事情。这样听起来会比直接指责好得多。至于"荣誉",就是字面上的意思了。

腾讯还有代表价值观的四种动物,分别是:长颈鹿(正直)、海燕(进取)、犀牛鸟(合作)和鹦鹉螺(创新)。

这四种动物形象,腾讯也是通过内部论坛选出来的。2011年,腾讯决定升级原有的价值观。腾讯的领导层先是通过讨论,决定升级价值观后再选出代表它的动物，便在内部论坛发了一个帖子，让员工提出候选动物，再通过投票来决定，最后大家选定的是海燕。让每一个员工都参与进来，选择价值观的代表动物，更能让腾讯的价值观深入员工的心中。

腾讯最重要的"打法"是用心。这个用心不仅指管理层的用心，还有基层的用心。这个用心也不仅指上级对下级的用心，还包括对工作的用心。用心是一种非常感染人的方式。

腾讯的老板都是"加班狂魔"，当许多员工已经进入梦乡的时候，他们还在为了一些细节加班。比如，当下级给马化腾、刘炽平发修改制度的邮件时，刘炽平是午夜一点回的邮件，马化腾是凌晨四点回的邮件。这是他们对工作的用心。腾讯的创始人之一张志东到了腾讯学院，就经常给员工们讲腾讯的老故事，分享他自己的经验，这也是对下属的用心。

《全民突击》游戏的总负责人只有小学学历，但是他参与开发的这个游戏却非常受欢迎，我们也可以从他对待游戏开发的用心里看出他为什么成功。这个负责人非常喜欢玩枪战游戏，甚至在全国的赛事中拿过名次。在研发这款游戏的时候，他经常在办公室里布置一个简单的场景，然后拿着玩具枪在地上打滚，想要找到枪战游戏的感觉，以便更好地运用到游戏中去，这便是他对游戏用心的体现。

当然，腾讯并不是没有口号与标语，只是它的口号都已经融入每一个成员的心里，让每一个员工身体力行地去实践，以鞭策自己不断前行。每个企业都应该用心地思考如何去实践，才能更好地把企业文化变成执行力，以便更好地推动公司的发展。

文化支撑战略，因时而变

这个世界上，"强者生存，弱者淘汰"是不变的规律。一个企业的企业文化是要能够推动企业发展的；时代在不断地进步，企业的文化、战略也应该随着时代的发展而发展。

随着手机的不断发展，触屏手机的日渐普及，手机游戏也跟着升了级，从早期的《贪吃蛇》《俄罗斯方块》，到后来的《愤怒的小鸟》《神庙逃亡》，又进化到当下的《王者荣耀》《阴阳师》。手游的数量越来越多，种类越来越多，开发手游的公司也越来越多，竞争越来越大，如何在众多公司中冲出重围，是一个问题。腾讯虽然家大业大，但也不可能出一款手游就能吸引到许多玩家。因此，如何做好自己，突出重围？

当公司要开展新业务时，必定有一个计划，不管这个计划是不是万无一失，要保证它顺利实行，不半路"扑街"，就需要战略。腾讯在拓展手游这个领域的时候，采用的就是精品运营战略。

首先要确定,做的这个项目是打完一枪就跑,还是要做长线。打完一枪就跑,眼前的利益是有,但是不利于口碑的打造,甚至会给公司带来负面评价;做长线的话,就要考虑如何才能把这个项目做长久,这就需要战略的支撑。

腾讯的精品战略有四大特点:

一、优胜劣汰

腾讯的游戏项目也有优胜劣汰的淘汰制。项目立项相对容易,资金也充足,所以通常会同时开发好几款游戏。2015 年第一季度,腾讯就发布了 60 款手游的年度精品计划,但后来实际上正式发布的只有 31 款,而那剩下的 29 款自然是"胎死腹中"了。60 款手游的计划到了年底几乎淘汰了一半,这样的淘汰率不可谓不残酷,但是也能看出,最后存活下来的游戏肯定是有自己的独特之处的。

要知道一款手游不是一周两周就可以开发出来的,前期的投入很多,但得到的回报不一定成正比,可能还在内测的阶段就获得许多差评,游戏会很容易就因此被边缘化,或者项目被直接撤销。腾讯旗下的团队很多,反响一般甚至是不好的游戏像是一根鸡肋,就算是开发出来,效果也很难评定。与其继续投入资源与资金,还不如及时舍弃,这个时候便是自身战略的调整期。只有好的游戏才能被玩家记住,也只有好的游戏才能活到最后。

二、总结以前的经验

腾讯在游戏领域已经是老手,做游戏的经验丰富,从一开始的小游戏到后来的端游,再到页游,最后是手游。小游戏、端游、页游、手游之间虽然各有不同,但也有相同之处。腾讯做手游,可以说是踩在"巨人的肩膀"上,总结以前的经验,再运用到手游上,比那些没有经验、一开始就做手游的公司多了许多优势,这也是腾讯的众多手游能够这么火爆的原因。

三、提升品质

游戏要有内涵,有有趣的内容,才能吸引人玩下去。试问一个只重视数量、不重视品质的公司如何在手游市场中占据一席之地?腾讯在开发游戏的时候,最常做的就是问卷调查;在开始运营游戏后,最喜欢做的也还是问卷调查。问卷调查可以帮助公司知晓玩家的内心需求,明确游戏接下来的改进方向,使游戏逐渐地完善下去。

每个游戏的每一次版本迭代,都是它品质提升的体现。以《奇迹暖暖》为例,从开服只有三四个玩法,到现在玩法的增加,就是它品质提升的体现。在提升品质上,游戏有游戏的做法,其他项目有其他项目的做法。

四、靠外援争夺市场

腾讯的手游主要分为自主研发和代理其他公司开发的游戏两类。现在是一个拼IP的年代,许多大IP都掌握在别的公司手上,像《仙剑奇侠传》《火影忍者》《剑侠情缘》《拳皇》等,这些都是其他公司的知名IP,但腾讯能争取到代理这些公司的游戏,甚至是拿到授权自己开发,不得不让人称赞。

一个人再强,终归双拳难敌四手。因此,和其他公司合作,大家一起来划分手游市场这块大蛋糕,再利用自己的资源和渠道进行推广,达成双赢才是王道。腾讯有自己的优势,并能在这个优势上不断地完善自己。

公司的文化不是喊出来的,而是在做每一件事的时候时时贯彻,牢记于心。正是在这样的企业文化之下,腾讯才能如此茁壮成长。道理都是相通的,如何用企业文化指导战略,也是要一步一步摸索出来的。但只要有心,就有成功的可能。

做真正打动人心的事

腾讯是个大家庭,有很多人非常想加入,也有很多成员在加入之后因为自身或者外部的原因又不得不离开腾讯。就算有很多人离开了,腾讯也没有把这些人完全忘记,而是认真细致地做好对每一个离职员工的关怀和支持,营造家庭的氛围。除了关注离职员工以外,腾讯也注重推动互联网与公益事业相结合,担起企业公民责任,用自己的力量为他人带去温暖。

有一篇帖子,写的是某个成员在离开腾讯的瞬间受到的冷落对待:马上要离开了,他取下陪伴他良久的工卡,默默递给对面收缴工卡的同事,却看见同事漠然地将工卡丢进脚下的一个纸箱里,那个纸箱里装满了其他离职同事的工卡。那一瞬间,原有的不舍化为深深的难过和沮丧。虽然要离开了,可他曾经也是腾讯的一员,对腾讯仍有感情,受到这种待遇心里很不是滋味。

看到这篇帖子,很多已经离职的员工也深受感触,希望留下工卡当作纪念,毕竟工卡陪他们度过了一段艰苦又辉煌的岁月。

就是这样一个小小的环节,腾讯并没有忽略。相关负责人讨论后,决定在这个环节增加一些人文情怀,让这些员工在离开的时候受到温情的对待。考虑到信息安全等因素,工卡是必须要回收的,但是腾讯设置了工卡回忆留念箱,由离职人员自主将工卡投进去,再专门制作一份定制版纪念工卡作为离职人员的纪念礼(由于制作需要一些时间,所以一般都是在离职后三个月发放)。通过这样对环节稍加改变,照顾了离职人员的情绪。

腾讯不仅在生活和精神上关怀离职员工,在创业等方面也十分关注这些前腾讯人。

腾讯有一个叫"校友会"的微信公众号,是专门提供离职员工关怀以及组织活动的官方平台。平台可以发放纪念品、补开履历证明、在岗位招聘中自荐或者推荐别人、推荐自己新开发的产品等等。

2010年2月,腾讯离职员工潘国华建立了一个叫"永远一家人"的QQ群,随着群里离职员工的不断增加,这个群成了人数最多、覆盖最广的离职员工组织群。后来,潘国华将这个组织命名为"南极圈"。随着群里咨询融资、招聘、创业等信息的人员增多,"南极圈"被潘国华定位为专门为从腾讯离职后开始创业的人群提供投融资服务的平台。

2012年,掌握着众多在职人员和离职人员QQ号的侯峰召集几个离职HR成立了单飞企鹅俱乐部。单飞企鹅俱乐部作为腾讯离职员工的第一平台和"单飞企鹅"的家园,考虑得最多的就是如何帮助和服务更多的"单飞企鹅",它一端连接"单飞企鹅",一端连接合作伙伴,无论是找方向、找人才、找资金,还是进行宣传、合作、资源整合,俱乐部都可以解决。

其实大家离开腾讯后,并没有离开这个圈子,也并没有断了联系,而是充分借用各自的资源互相扶持和帮助。就像刚刚讲的"南极圈"和单飞企鹅俱乐部，很多人依靠这些平台提供的资源取得了很好的成就。比如王锋创办了传课网、李建成创办了房多多、马德龙创办了拉勾网、张博创办了美啦美妆、王信文开发了《刀塔传奇》、黄种溪开发了酷牛游戏等等。腾讯也在积极利用资源帮助那些从腾讯离职的老员工，希望他们都能实现自己的最终目标。

腾讯做这些，为的就是告诉大家，腾讯重视离职人员，腾讯在乎老员工。如果大家创业有困难，可以借用腾讯相关平台的资源；如果有人创业打拼累了，也可以重新回到腾讯。

以上都是腾讯对离职员工的关怀，但其实腾讯的关怀不仅仅体现在离职员工身上，也体现在帮助弱势群体上。

2007 年 6 月，腾讯倡导并发起了中国互联网第一家在民政部注册的全国性非公募基金会——腾讯基金会。作为首家由互联网企业发起成立的公益基金会，腾讯基金会致力于推动互联网与公益慈善事业的深度融合与发展，关爱青少年成长，倡导企业公民责任，推动社会和谐进步。

"网络捐款平台"是腾讯基金会的重要产品，它通过"乐捐""一起捐"等方式，让那些分布在全国各地的爱心人士可以用最简便的方式参与公益，在网上将他们汇聚成看得见的正能量群体。

腾讯推出的"益行家"也是其主办的重点公益项目。项目主要通过将用户的运动数据转化为公益步数，来兑换与公益项目有关的产品。另外，腾讯还推出了"99 公益日""微爱计划""1001 创想行动"等创新公益活动，希望通过这些活动带动广大人民利用身边的资源、创意、平台来参与公益事业，从而让公益更具有想象力和感染力。

腾讯基金会发起人陈一丹表示，希望通过"99 公益日"等活动，让更多元、更多层次的力量通过互联网加入到公益中来。据了解，2016 年 9 月启动的"99公益日"，第一天就已经有160多万名网友参与，捐款数额破亿元。

2013年，在腾讯的 QQ 空间里出现了一个新的 404 页面。当用户点击了错误链接时，会跳转到新的 404 页面，上面写着："但我们可以一起寻找失踪宝贝。"后来，除了在 QQ 空间里，在腾讯的主站上输入错误链接时，特定的、醒目的 404 页面"寻找失踪宝贝"也会出现。这个页面有一个很独特的名字，叫作"腾讯 404 公益页面"。

腾讯 404 公益页面是由腾讯的员工自愿组织和发起的互联网公益活动。只要在 404 页面中加入一段特定的代码，就能通过庞大的互联网增加寻找失踪孩子的概率。这种具有特色的、带有公益性质的 404 页面让许多富有创意的 404 页面也自叹不如。

页面中的信息和代码等数据是腾讯通过与"宝贝回家"项目合作获得的。后来，腾讯也向其他网站公布了这个代码，旨在希望越来越多的企业和机构能积极参与到这项公益事业中来。随着使用互联网的人越来越多，此举发挥的作用也越来越明显。

腾讯就是通过这样一系列措施，在帮助前腾讯人实现更好发展的同时，担当起自身的责任和义务，推动整个社会的和谐发展。

价值观是通过"拒绝什么"来体现的

一个企业的文化管理中除了一些软性的文化引导和教育之外,也会有一些硬性的制度要求和组织建设。众所周知,腾讯有很多宣传平台,比如纸质刊物、内部论坛、视频、腾讯电视台、"总办面对面"以及微信公众号等,公司和员工的故事经常会通过这些宣传平台分享出来,让大家更多地了解腾讯文化的内涵。

但在员工行为管理这个方面,腾讯则选择了比较硬的方式来实现企业的文化管理,比如腾讯内部非常有名的"阳光""瑞雪""荣誉"三个品牌。

"阳光"这个品牌主要和处罚有关,就是明确什么东西不允许在腾讯做,所以"阳光"同时也被称为"高压线"。阳光行为准则对于腾讯人来讲非常重要,不管是在战略管理大会,还是在平时的工作中,它都随时被着重强调,腾讯的领导层也十分在意它。2015 年 6 月,腾讯前高管刘春宁因贪腐被警方带走就是触犯腾讯"高压线"的典型案例。

刘春宁此前在腾讯工作了十年。2005年,他被任命为腾讯公司战略发展部总经理;2006年,他被任命为腾讯公司企业拓展部总经理;2013年7月1日,他从腾讯在线视频部门总经理职位上正式离职。

但他离职不到一年,就被老东家腾讯告到了法院。

2014年,腾讯在一次内部审计过程中发现了前两年的视频团队涉及严重贪腐问题,并由此牵出了已经离职的前腾讯在线视频部门总经理刘春宁。与此同时,还有消息称:在刘春宁离开腾讯之前,腾讯在内审中就查出刘春宁与自己的"影子公司"就视频版权签约进行业务往来,刘春宁甚至在离任前还签了一笔2000万元的合同。

由于刘春宁的行为已经严重触犯了腾讯公司"高压线"并涉嫌违法,腾讯最终选择了向警方报案,请求处理,于是才有了前面提到的刘春宁因贪腐问题被警方带走一幕。

事物的发展总是有从量变到质变的一个过程,就如同好与不好两个对立面之间也一定会有一个中间地带。"瑞雪"就是腾讯的那个中间地带。"瑞雪"可能不是一项明确的制度,也不会被要求严肃地写进公司劳动合同管理条例,但它会对整个组织甚至整个公司的氛围产生很大的影响。

比如排队。在腾讯,大家很爱排队,班车、电梯、食堂等各个地方,腾讯人都能做到自觉排队,甚至在"荒岛生存"拓展中,在大家都没饭吃,必须依靠钻木取火,每个人才得一碗粥的情况下,大家都还能坚持自觉排队。

此外,不能占座、不能在班车上吃东西、不能逆乘电梯、开会不能迟到、不能占用会议室等等这些小事情,可能并不适合明确体现在公司制度里,但对公司氛围又有很大的影响,怎么来处理呢?那就按照腾讯内部的方法——"瑞雪"吧。

在腾讯，几乎所有人都会谈"瑞雪"，经常有人在论坛上讲谁谁谁又"瑞雪"了。不冲厕所、在厕所抽烟、停车位占两个……所有不太好的事情都被腾讯人称为"不瑞雪"，这样的说法不那么直接，更容易让人接受。

这个做法其实和美国作家马尔科姆·格拉德威尔（Malcolm Gladwell）在《引爆点》一书中提到的"环境威力法"有异曲同工之妙。环境威力法强调发起流行的环境十分重要，"破窗理论"可以很好地证实这一点。想象一下，如果一扇窗户被打破了，过了很久也没有人来把它修好，行人就会以此推断，这是个没人关心、没人管理的地方，继而就会有更多的窗户被打破，然后无政府主义就开始从这栋楼向相邻的街道蔓延。

"破窗理论"创始人、犯罪学家詹姆士·威尔逊（James Q. Wilson）和乔治·克林（George L. Kelling）认为犯罪是秩序混乱的必然结果，在秩序混乱的环境下，犯罪是可以"传染"的，这种流行潮的引爆点不是某个人。促使人们进行某种行为的不是某类人，而是其所处环境的某个特征。

这里我们讲一个著名的犯罪治理案例：纽约犯罪潮。20世纪80年代，纽约市平均每年的谋杀案远超过2000起，严重犯罪活动超过600000起，地铁的情况只能用"一片混乱"来描述。90年代犯罪率达到一个高峰，自此犯罪率急剧下降；90年代末与90年代初相比，地铁上的重大犯罪事件减少了75%。为什么会出现这样的转变呢？

克林担任了当时纽约市交通局的顾问，帮助时任纽约市交通局局长布拉顿意识到了这个问题，于是他们联合其他人一起用"破窗理论"从细微处着手，花大量的时间、金钱，派遣大量的警察对各种违法违纪的小破坏行为进行处理，整治地铁涂鸦行为和逃票现象，一点一点地规范纽约市的治安管理。随后，纽约市的犯罪率就神奇地急速下降了。

通过清理整治环境中最细枝末节之处，就能够扭转、减轻流行病的蔓延，这是"破窗理论"和"环境威力法"的基本前提。是不是和腾讯一直提倡的"瑞雪"有些类似呢？

至于"荣誉"，如你所想，腾讯是一个集体荣誉感非常强的企业，强烈的荣誉感自然会不断地鼓励着腾讯人创造出奇迹和辉煌。

最后必须强调文化建设的透明化这一点。做文化最重要的一点是透明平等，虽然很多企业都有自己的"潜规则"文化，但请尽量让这些"潜规则"浮出水面吧！要知道，在这个互联网时代，很多东西根本没有办法隐藏，最明智的选择就是快速地让大家知道一切真相。人们有自己独立的价值观，他们一般通过"拒绝什么"来明确体现自己认同什么、反对什么。

钉钉和微信对工作的不同看法

随着企业级应用市场的日渐成熟，越来越多的产品开发商开始瞄准这个崭新的市场，其中自然不乏 BAT 巨头阿里和腾讯。

有一位资深的产品经理专门就阿里研发的钉钉和腾讯推出的企业微信两款产品，分别从战略层、范围层、结构层、框架层以及表现层五个方面做了比较深入的企业应用竞品分析。他发现，钉钉主要是服务于老板和管理者的专业企业应用软件；而企业微信更像是崇尚"老板用得开心，员工用得暖心"的人性化产品。

钉钉这款产品主要的目标客户是中小型企业和团队。它在功能打造上大多是围绕企业交流、沟通协作等企业应用场景进行设置的，通过自上而下的产品形式，针对性地去"讨好"管理者，让老板成为最终的买单者。比如"DING 一下，使命必达"这个暗含强势推送的功能就可以让领导的指示及时直达下属，有效避免员工"装死"。

而企业微信则是在微信原有的"人性化"设计基础上，打造专门适用于企业用户的功能，旨在把员工的工作交流变成熟人交流，既面向企业内部的沟通交流，也意在挖掘企业内部生态圈。从企业微信喊出的口号"让企业都有自己的微信"不难看出，这是一款"温度"十足的企业级应用，是面向所有企业的。

其实除了产品定位上的不同，组织管理上的不同理念，也会催生出不同的产品设计。钉钉和企业微信就是典型的案例。

企业微信把员工看作独立的个体，尊重员工的自我安排，让员工在更为轻松的环境下去发掘创造力，释放工作能量；而钉钉则通过消息已读未读显示、"DING"功能、钉盘、钉邮、日志等等功能，将员工打造成"螺丝钉"角色，工作流程严谨正式，气氛严肃，类似"科学管理之父"弗雷德里克·泰勒（Frederick Taylor）崇尚的效率至上的管理理念。

严肃正式的管理会相对缺乏人文关怀的设计，从而影响用户体验。与企业微信相比，钉钉所占据的市场份额更大，用户群体更多，功能更全面，这些因素使得它在其应用场景方面的考虑过于周全与复杂，从而影响了用户体验。

"杂乱多处的小红点，过于鲜艳的 icon，嵌套了很多单一的二三级导航页面，产品使用学习成本高，需要增添上门服务与功能指导，交互设计和产品架构不甚理想，容易混乱……都是钉钉需要继续改进的地方。"某位钉钉的产品经理说道。

当我们纵观钉钉和企业微信的管理后台，也可以看出两款产品明显的设计理念差异。

在企业微信的后台管理中，管理员享有决定权，可以自由设置多个子管理员;企业微信自主开放了 API 接口,部门管理员可自主设置对接网址;同时,企业微信也支持"小休""下班了"等免打扰功能,如果是下班时间,软件会帮助员工仅接收重要联系人的消息通知,更好地做到重要信息不遗漏、普通信息上班处理,将公私时间有效区分。

产品的开放性,管理者权利的适当放开,对员工个人意愿的适当考虑,都是企业微信比较人性化的体现。当然,任何事情都是双向的,企业微信在给予了员工更多自由的同时,也意味着将承担更大的监管风险。对于企业微信而言,账号管理和账户信用非常重要,一旦失信违规,一切都是不可逆的。

作为一款在集成应用的广度和深度上意义非常重大的软件产品,钉钉不仅支持一人多部门和分支隐藏,批量上传和下载员工信息,并且附赠免费钉邮注册、免费企业云盘和免费电话,几乎所有功能都是围绕 OA(办公自动化)企业应用中"沟通协调"的主题来设置的。但有时,消息提醒过于频繁并不是一件好事。强制提醒和消息读取状态显示等功能设置,会让很多员工承受比较大的工作压力,压力过大,效果有时就会适得其反。

另外,在产品形象设计上,两者也存在明显的理念差异。钉钉主打的是圆形头像,当使用者没有上传头像时,整个头像是灰色的,以使用者名字的后一位或后两位作为头像的名字以示区分。但在实际使用中,人们多以明亮的颜色进行区分,所以会经常看到一个屏幕上显示各种各样颜色的头像,影响体验感。

外圆内方是一种做人的态度,同时也是企业微信想要传达的产品理念。在积极对外连接、沟通的同时,也坚守内心的那把标尺,这和企业微信一直专注于内部沟通、专注于个人初心不谋而合。

每个人都是一个独立的个体,都会有自己独立的喜好和思想。企业微信大概就是基于这样的客观事实认同,把产品的工作台主动设计为自定义形式,用户可以自主地对工作台进行私人化管理。有人说,只有人性化、私人化的 app 才有不可替代的地位,这点在企业级应用中也表现得淋漓尽致。

"干将"多是自己培养出来的

一个公司如果有优秀的领导层,那么其员工的能力也必然能够得到提升;如果一个公司的领导层是一堆朽木,那其员工的工作也会一塌糊涂。如何发掘优秀的领导人成了一个问题。有的公司选择在人才市场招聘,或者是通过猎头公司寻觅人才,通过各种渠道挖人,有的公司则选择自己培养。

自己培养这一选择自然是最优的。公司自己培养的领导人不但忠诚度足够,也比半路招进来的领导人"用着顺手"。那么,如何培养出一个好的领导?

一个普通员工成长为领导,除去"有背景"被下派锻炼后就可以直升的,无非是两个方面:(1)领导特别看好、喜欢某一个员工,重点培养、提拔他;(2)员工自己认真工作,努力学习,铆足劲向上冲。但这两者都有一个前提,那就是自身必须是一个有本事的人。自己有本事、有能力,才能得到别人的青睐。

腾讯重视对员工的培养,会定期组织员工进行学习,也会请高管或外界人士做分享,让员工可以统一吸取知识,更有腾讯学院。腾讯学院从架构上分为领导力发展中心、职业发展中心、培训运营中心等多个部门,为腾讯提供了课程和培训方面的支持,如 Q-Learning、导师制、职业生涯规划、领导力培训等,构成了腾讯学院 COE(人力资源专家中心)培训发展大厦。

很少人知道腾讯还有 COE 组织架构。腾讯的 COE 组织是由人力资源各职能部门构成的,其中包括人力资源部、腾讯学院、薪酬福利部、企业文化与员工关系部这四个部门。而腾讯的 COE 组织架构正是它培养自家"干将"的摇篮。

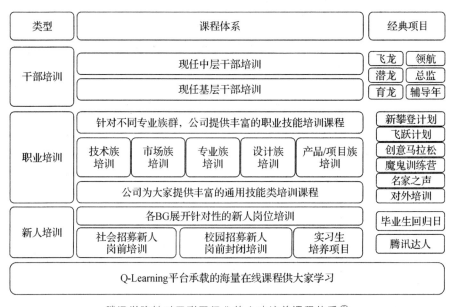

腾讯学院针对互联网行业的人才培养课程体系①

---

① 图片来源于腾讯学院院长马永武,2015 年,《腾讯学院:我们是这样搭建互联网行业的人才培养体系的》。

腾讯的 Q-Learning 项目于 2007 年 5 月正式启动，原本叫作 E-Learning，但后来根据公司特色改为了 Q-Learning，正式上线则是在 2007 年 12 月。在 Q-Learning 项目设计之初，腾讯希望通过这个平台，实现在现有培训投入基础上的"放大、穿透、继承、节省"效应，为员工提供 3A（行为 action、态度 attitude、能力 ability）式学习支持，营造学习型组织。

腾讯学院院长马永武表示："放大"是考虑到面授培训一次投资数万元，只能让 20～30 人受益，通过转化到 Q-Learning 平台，可以有效放大培训的效果，让全公司所有有需求的员工获益。

"穿透"意味着 Q-Learning 不仅仅用于培训，还可以通过平台上的在线考试等功能，确保某些重要内容被员工真正阅读、了解和完成，比如公司"高压线"行为准则或片区项目经理的业务知识考试等等。

"继承"是指通过各类培训、论坛活动等内容在平台上的不断积累，以及持续的内容管理，可以形成腾讯自己的知识体系。

"节省"是指 Q-Learning 不但可以节约培训成本，更可以节省大量的时间成本。

鉴于以上设计思路，腾讯将 Q-Learning 的功能定位分阶段地推进并逐步提高。第一阶段的主要功能是培训运行电子化和在线学习，主要包含如下六个方面：

在线学习——将课程推送到学员的桌面上，实现 3A 式学习；培训档案——为员工建立培训档案；课程体系——将课程体系更好地展现给员工，便于员工自己安排学习计划；PDI（绩效发展面谈）选课——方便员工了解公司开课计划，并根据自身情况选择合适的课程；培训流程——将培训运营流程迁移到线上，解放培训管理员的人力，提升专业度；资料中心——通过

LMS（Learning Management System，培训管理系统），建设腾讯资料库，有效放大培训效果。腾讯选择的在线学习系统是 Sum Total 的 Total LMS 系统，这是腾讯根据自己最适合的 LMS 选择的。

马永武说："其实适合的就是最好的，在选择 LMS 的时候，要深刻理解公司对 LMS 的期望，这样才会更有的放矢。"所以，公司在选择 LMS 的时候，一定要选择最适合的，而不是看起来最牛的。

要知道，厉害的不一定是适合自己的，也不要看大公司选择什么就跟风选择。适合腾讯的，不一定适合你的公司。腾讯是一个互联网公司，它选择的学习系统也是比较侧重于这方面的，但你的公司不一定是做互联网的，跟风选择只会事倍功半。

除了公司要选好 LMS，员工也应该好好地选择自己的职业发展道路。腾讯目前使用双通道（管理通道和专业通道）的职业发展路线，每个员工都属于某一个发展通道，并且知道自己在该通道里的级别（职级）。

每个发展通道的每个职级都有相对应的素质模型，每个素质模型又会对应相应的课程，通道、职级、素质模型和课程形成一个体系，每个员工都会在这个体系中找到自己的位置，也会清晰了解自己的发展方向，知道自己应该提升哪些能力，知道哪些课程可以帮助自己提升这些能力，从而推动自己的职业发展。

员工可以借助 Q-Learning 平台规划"个人学习地图"，并参照"公司学习地图"，确定自身的发展方向和目标。"个人学习地图"是指将个人的通道、职级、素质模型、课程做好匹配，员工只要进入系统就可以清楚地知道自己该学习什么课程。

许多公司目前还没有像腾讯这样直接建立一个腾讯学院的能力，但是现在网络上其实有不少关于培训职业能力和领导力的课程,公司可以购买这些课程,然后在内部进行统一学习。此外,有上进心的员工也会在业余时间为提升自己的能力进行补充学习。

俗话说:"师傅领进门,修行靠个人。"公司可以做你的师傅,给你提供一个学习环境,并引导你的发展方向,但你到底要如何成长,还是要看你自己。刚进公司的新员工都处在同一条起跑线上,想要取得更高的职级,只有不停地向前跑,如果你停下来,别人就会追上你。公司通过各种手段自己培养"干将",自然更清楚其潜力和特长,而他们,正是发展公司的中坚力量。

不想当将军的士兵也是好士兵

拿破仑曾经说过:不想当将军的士兵不是好士兵。就像俗话说:人往高处走,水往低处流。但在世界上,每个人的追求都是不同的,有的人追求权势,有的人追求名利,有的人追求真理……正所谓"甲之蜜糖,乙之砒霜",你觉得好的东西,其他人不一定觉得好。

人生就像是无数道选择题,在不同的时期、不同的阶段,人所面临的选择都不一样,你无法评判别人的选择,因为在不同的时期、不同的环境下,一件事的正反两面是因人而异的。

用于工作,我们把这种不同的选择称为"职业发展双通道"。职业发展双通道分为管理发展通道和专业发展通道。一开始大家的基础都是一样的,只是在走到了一定程度后会有分别。并不是说不想当将军的士兵就对公司没有任何贡献,只能说或许他们没有心思"往上爬",只是想专心地在自己的领域内发展。

一个专业能力非常厉害的员工或许并不适合管理,一个能调动大家积极性的领导者,或许他的专业水平并不那么突出,但是他的管理能力、驭下技巧却是高于常人的。

有的科学家不在乎自己的名誉、不在乎能爬到多高,他想要的就是做出成果。并不能说将名誉看得重于成果的科学家不够有学识,也不能说所有认为成果更重要的科学家都不在乎名誉。这两者是并存的,只是每个人选择的侧重点不同,而且两者之间并不是不能互相转化。

腾讯一共把专业通道分为 6 大级,每个大级里又分 3 小级,也就是分成 1.1、1.2、1.3、2.1、2.2、2.3、3.1……以此类推。一般说来,升大级别的难度比较大,小级别相对容易。这 6 大级分别叫作初做者、有经验者、高级(骨干)、专家、资深专家、权威。3 小级分别叫作基础、普通、职业(但内部很少这么称呼,一般用数字代替)。不过在实际执行中,第 5 级和第 6 级因为长期空缺,暂时没有子划分。

因为腾讯内部的员工各自负责的专业领域不同,如工程师、设计师、程序员等,不可能都按照同一个标准来管理和晋升,所以就有专业通道细分的要求。腾讯目前大概有 80 个专业通道类别,概括起来主要是 4 大类:

T 通道:技术通道,包括研发、视觉设计、交互、运维等子通道;

P 通道:产品/项目通道,包括策划、运营、项目管理等子通道;

M 通道:市场通道,包括市场、战略、网站编辑、商务拓展等子通道;

S 通道:专业通道(职能通道),这是最复杂的一个通道,包括公司的行政、秘书、采购、法务、财务、会计、人力资源、公关等各个子通道。

管理通道分为 3 层:基层、中层、高层。公司内简称为基干、中干和老板/总办等等。这里暂且不提。

在不少同行公司内，专业通道和管理通道是可以互换的。换句话讲，为一些专业能力很强，但不愿意走管理路线的员工提供了更好的发展空间。在腾讯，自然也有两个通道，你总不能因为人家只想做一个安静的专业钻研者而不想当管理层，就一脚把他踢出公司。

在腾讯，两个通道不是非此即彼的关系。基层管理者本身都保留着高级专业通道，也要通过专业度提升、积累项目经验、授课来提升自己的专业等级。中层管理者一般会保持自己4级专家职级或者3.3的专业职级，只不过到中层以后，专业通道的作用会逐步淡化。

其中，4级对等中干，而T通道中4级较多，这也是一个解决"技术宅"们上升空间的重要举措。只是到了后期，个人专研的优势会越发凸显出来，相对地，原本可以融合在一起的道路又分叉开来。

明确的职称定义能够让公司内部的成员更好地发展。就好像古代朝廷一样，每一个品阶都有对应的官员名称，而整个大类分为了文官和武官。我们可以把选择管理发展的看作是文官，把选择专业发展的看作是武官。只有明确自己的发展方向，不左右摇摆，才能在自己选择的方面有所建树，虽然中间有可能互相转化，但能做到顶尖的只有一方面。

文武双全的人不是没有，只是很少，多数都只存在于文学作品或传说之中。诸葛亮的计谋那么厉害，也没见他亲自上阵带兵打仗。把某个专业做到顶尖的程度很难得，所以不要因为自己的员工没有想当管理者的"上进心"就轻视他们，可能在某一天，他们会像一颗启明星一样闪闪发光。

帮员工解决"世俗"问题

企业文化是企业的灵魂，是企业不可缺少的一部分。优秀的企业文化塑造极其重要，它能够在企业内部塑造一个良好的环境，形成向心力和凝聚力，对内可以提升员工的积极性，对外能够提升企业的市场竞争力。

约翰·科特(John P. Kotter)教授和美国哈佛大学教授詹姆斯·赫斯克特(James L. Heskett)在著作《企业文化与经营业绩》中就指出了企业文化不可替代的作用："企业文化对企业长期经营业绩有着重大作用。我们发现具有重视所有关键管理要素(消费者要素、股东要素、企业员工要素)，重视各级管理人员领导艺术的公司，其经营业绩远远胜于那些没有这些企业文化特征的公司……企业文化在企业的发展中发挥着不可忽视的推动作用。"

今日腾讯的成功与它的企业文化有着密不可分的关系。在坚持"用户第一"的服务理念的同时，腾讯还十分关心其内部员工的成长需要，提升员工的工作积极性，重视员工利益，不断为员工实现自身价值提供平台。

2009 年，马化腾作为亚洲唯一一位在互联网方面入选"全球最受尊重的30 名 CEO"时，就谈到腾讯对待员工的态度："腾讯需要一大批志同道合、有奋斗精神的员工，团队紧密合作，我觉得这是腾讯要成为最受人尊重企业的必要条件之一。"

在腾讯内部，马化腾的这番话具体体现在：成熟有效的福利待遇和管理机制，给予员工关心关怀，解决员工的"世俗"问题，坚持与员工共同发展和成长，等等。

马化腾说："对腾讯来说，业务和资金都不是最重要的，业务可以重新拓展，资金可以吸收。最重要的是人才，人才是不可替代的，是腾讯最重要的财富。"因此腾讯对解决员工的"世俗"问题尤为看重。

以腾讯内部的企业论坛为例，在这个论坛上，每位员工的意见和自由都被充分尊重。员工可以发表自己的意见，而相关部门则会对员工意见进行回复和解决。这是一个不需要层层上报审批就可以解决员工问题的地方，直接服务员工的需求，保障员工的福利，从基层解决员工的"世俗"问题。

很多腾讯外部的人很不理解腾讯人的想法，在他们看来，在腾讯能拿到的薪水其实与同行业其他公司相比相差不大，却仍然有很多腾讯人拒绝外部的高薪挖角，远离家乡，执着地为腾讯付出自己的心力。即使有些员工离开了腾讯，但是在外界，他们对腾讯的评价仍然非常高。这是一件很值得思考的事情，这个庞大的企鹅帝国，究竟用什么来吸引着这些人才为它忠心地卖力工作，对它如此尊重？

很大一部分原因与腾讯塑造的员工文化有关。腾讯除了有企业内部论坛，为员工的需求"保驾护航"以外，为满足员工最基本的需求，腾讯还创建了一套令人羡慕的福利体系——腾讯"54 张福利扑克牌"。每一张扑克牌代表一种对员工的福利，从方方面面对腾讯员工予以福利覆盖。"与中等城市公交系统有一比的班车网络、10亿元无息购房贷款、给员工和家属花样繁多的保险、家属开放日、30天全薪病假、15天半薪事假、中医问诊、腾讯圣诞晚会、各种保险、各种节日礼包、各种协会"等等，这些都是腾讯给员工的福利，腾讯还专门为此成立了部门管理员工福利，解决员工的后顾之忧，激励他们积极承担责任、努力工作。

在解决员工的"世俗"问题方面，腾讯的领导充分支持，从细节关爱员工。比如，程序员们总是久坐，所以对他们来说，座椅的舒适度非常重要，这直接关系到他们的健康。为了保障大家的健康，腾讯采购的是拥有"全球最舒服的椅子"之称的Herman Miller(赫曼米勒)品牌，该品牌座椅零售价在万元左右。再比如，马化腾担心治安问题，还曾亲自写邮件要求加强安保。解决员工的"世俗"问题从对待员工的细节之处开始。

腾讯把服务用户的理念也放在给予员工福利上。腾讯负责员工生活福利的Dixon曾说："中秋月饼和端午粽子，每个企业都会发，费用也都差不多。但在腾讯，我们提前四个月左右开始筹备，从包装设计到符合健康美味的要求，从情感沟通到互动需求，一一考虑到位。考虑到深圳员工大部分背井离乡，每逢佳节思乡情绪更浓，腾讯将水果、粽子、月饼等福利延伸到家属，员工可在内部论坛登记家庭地址，即可寄回老家，我们只是多花了一点邮费，这个费用还不比一盒高级月饼。"解决员工的"世俗"问题要充分运用"用户至上"的服务理念，从细节上注重员工的潜在需求。

腾讯在解决员工的"世俗"问题时充分信任员工，抓住员工需求的核心点，努力打造"王牌"福利，让员工找到归属感。比如，面对不断上涨的房价，"安居"就成了许多上班族的"心病"。针对这种现象，为了使更多的基层员工能够买得起房,更好地"乐业",腾讯推出了员工"安居计划",让更多的腾讯基层员工能够尽快拥有自己的第一套住房。

腾讯的"安居计划"是真正从员工自身条件出发的,虽然腾讯并不是为员工提供无息贷款的唯一一家公司,但却是不需要任何重担保就能让员工贷款买房的极少数公司之一。

这项计划针对的是基层员工,为此还专门设置了"绿色放款通道",确保在 5 天之内贷款能够发放到员工的账户。更重要的是,腾讯充分信任员工,考虑员工的实际情况,为了不影响员工的生活质量,对于还款日期的要求也很宽松,每年只需要在年终奖发放之后还款一次就行,还可选择递增还款模式。这样的福利,让许多旁人羡慕眼红,也为腾讯留住了人才。

腾讯版"民间故事"：是金子总会发光

文化是企业不可缺少的部分，优秀的企业文化能够营造一个良好的企业环境，提高员工的团队责任感和工作效率，形成企业发展的精神力量。这样的精神力量，能使企业内部的资源得到合理的配置，提升企业的市场竞争力。

有一个比较简单的办法来评价一个企业的文化好坏，那就是看它的离职员工是什么态度。一个连离职员工都为它说好话的公司，它的企业文化就是成功的。在外界很少听到腾讯的离职员工说老东家的不是，这与腾讯的包容文化有很大的关系。

有腾讯员工这样描述腾讯内部文化对员工的影响："我们做很多文化工作的时候都会做CF（用户调研）。一个制度可能翻过来调过去，这个制度员工怎么想？做活动的时候到底员工怎么看？腾讯内部会有这种竞争和合作，平等透明，包括当时讨论微信的时候，也是内部很多BG（业务组）都在做类似的东西。"什么样的公司文化造就什么样的员工态度。企业文化的营造至关重要。

企业内部要鼓励文化多样性的存在,为员工打造包容力强的环境。人的身上存在多样性,每个人都是独特的存在,都有与众不同的部分,而这些蕴含在每个人身上的独特部分,只要身处一个励志的生长环境,就会长出令人惊奇的果实。

腾讯是一个特立独行的大本营,文化非常自由。正如腾讯校招宣传片里说的:"有越来越多有趣的年轻人,带着热情与好奇心,在这里找到自己的位置。发挥所长,改变世界。"这就是腾讯的包容文化,包容员工的独特性,让他们慢慢积蓄力量,慢慢找到自己的位置,从而发挥特长,变成发光的金子。

要说外表上独特得最明显的莫过于"鹏飞姐"。长发飘飘,走路都带风,在腾讯内部有着"最美Q妹"的美名,但其实,他和那些脸戴眼镜、身穿格子衫、脚踩人字拖的男IT程序员性别一致。这位男性拥有张扬的外表,但是也有着令人称赞的才能,是异装爱好者的同时,也是腾讯的S级员工和优秀讲师。正是他对自己的独特性的坚持,成就了现今"鹏飞姐"的发光发热。"特立独行的长发男子""腾讯第一伪娘",与"度娘"齐名。他的微博下聚集了过万粉丝,他也因此成了一枚"网红"。而"鹏飞姐"成为腾讯的一道风景,且最后还成为一枚大众"网红",与腾讯自由的企业文化有莫大的关系。

腾讯为员工提供了一个非常自由的工作环境,在腾讯工作的"鹏飞姐"从来不觉得自己特立独行。就像腾讯给他的海报的配文一样:"我是鹏飞姐,也是IT男。从异样目光的焦点,到如今自信坦然,其实坚持做真实的自己,真没想象那么难! 你的十年,你坚持了什么?"腾讯给了员工们坚持自己独特性的环境,开放且自由,这可能与腾讯本身处于科技圈有关。大多互联网公司都呈现出独特的包容与自由的态度。

高压的工作环境会使人压抑，也会扼杀员工的多样性，这样的公司就像一个加工车间，员工都藏在一个个套子里，最后他们身上的多样性就被磨掉了，变成相近的个体。成为网络红人的"鹏飞姐"曾经说过："很多朋友在设计公司工作，每天甚至有固定的着装要求，必须穿得体的正装，裙子、裤子不能短于膝盖。"但在腾讯，他却感到幸运："像我这样的，工作基本没有任何影响，这个公司的包容程度真是让人舒服和喜欢啊！"

腾讯的"民间故事"还有很多，像被马化腾称为"励志哥"的段小磊，虽是腾讯众多产品经理之一，却与大多数腾讯产品经理人加入腾讯的轨迹不一样。与其他产品经理人相比，段小磊显得更励志。

2011年，他在腾讯担任前台保安，之后经过技术面试，正式进入了腾讯研究院，成为一名工程师。由前台保安成长为产品经理，两种身份差别如此之大，听起来很不可思议，但他做到了。QQ手机管家的官方平台上还有专门的叙述："腾讯北京分公司20楼前台保安，经过一次次技术面试，终于入职腾讯研究院，开始了工程师的生涯，也开始了他华丽的转身。"

"是金子，在哪里都会发光"在段小磊的身上体现得淋漓尽致。他拥有计算机和工商管理双学位，毕业于洛阳师范学院，一开始去北京也是为了追逐自己的IT梦，却几经碰壁，最后才决定从事腾讯的保安工作，但他心里一直怀揣梦想，默默地积蓄力量。而他的努力坚持正是从他的这份保安工作开始被大家了解的。

段小磊在做保安时就是腾讯北京分公司的一位"名人"，他不仅能够叫出20层所有人的名字，还能在每天早上告诉每个人是第几个到的，也会向大家做一些善意的提醒。他用心做着这份保安工作，向腾讯的员工树立了一个很好的个人品牌，腾讯的员工也渐渐地把他当成了朋友，发现他在看计算机方面的书时,有时也会耐心解答他请教的问题。

最终,他凭借自己的努力,成功面试进了腾讯研究院,实现了自己的梦想,甚至得到了马化腾的称赞。腾讯人力资源部的人说:"腾讯向来本着公平、公正的用人原则,给予优秀人才最大的发展空间。英雄莫问出处,腾讯的人才来源非常多元化。"

段小磊在进入腾讯研究院之后并没有懈怠,一开始,他的工作内容涉及很多产品的外部测试,他便利用自己的休息时间找人体验,重视每一次工作,他的这种态度得到了很多人的肯定。现在的段小磊已经算是腾讯的"老人"了,但他仍然不放松对自己的要求,每天用便签条要求着自己。腾讯的这种包容自由的文化反而时时鞭策着他不断向前。

他说:"腾讯给了我真正接触互联网、加入一个团队、不断学习和成长的机会。这里不会因为我曾经是保安而排斥我,反而认可我的努力和工作,真正地把我当作他们中的一员。"

在腾讯,此类"民间故事"不胜枚举,像游戏设计达人 Colin 对细节的吹毛求疵,《全民突击》的总负责人只有小学学历,等等。这些故事的主人都是正在被打磨的金石,在腾讯这个自由的大家庭里,不断地提升自己,发挥自己的特长,让自己以前被埋没在沙石中的身躯不断往外挪出,发光、发亮。

第五章

**面对失败和竞争：
开放共赢，再造一个腾讯**

面子不重要，真话比较重要

公司做大了，粉丝和用户增加了，大家对腾讯的评论也就跟着多了起来，这些评论自然不全是溢美之词，像百度、阿里巴巴、苹果等大型公司也都面临过侵权、产品质量不佳、涉嫌侵犯隐私等质疑。不管一个企业做到多强大，总会出现一些这样或者那样的问题。面对这些问题，腾讯并没有选择两耳不闻，而是虚心接受，因为这些评论都是来自各方面的专家或是普通用户最真实的心声，对产品的升级和公司的发展起着有益的作用。

2011年，腾讯在全国各地召开了10场"腾讯诊断会"，认真倾听各位专家对腾讯的意见和建议。在第9场会议的现场，马化腾说："我在网上被骂的次数很多，往往我在微博上说一句话，很多人都来骂，所以我的心理承受能力超过大家的想象，我12年都是这样过来的。我希望各位专家不要给我留情面，提出严厉批评。"这场会议结束后，马化腾做了满满3页纸的笔记，还是双面的，都是各位专家对腾讯提出的意见。

通过这一场场的诊断会,腾讯就像一个透明的物件一样,把自己所有的缺点都暴露在大家面前,但马化腾和腾讯总裁刘炽平在这个过程中学到了很多东西,也对腾讯有了更加深刻的了解。

道理都懂还远远不够,如果想要真正解决问题,关键是如何将专家们的意见和建议落到实处,从根本上解决问题,让用户满意。

2015 年,腾讯全球合作伙伴大会在重庆举行,马化腾发表了《给合作伙伴的一封信》,这是自 2012 年腾讯合作伙伴大会举办一周年以来,马化腾写给合作伙伴的第四封信。综观这些信的内容,马化腾提得最多的词语是"开放""合作""用户""伙伴"等。

在与用户有关的阐述中,马化腾说道:"腾讯从做一款产品起家,能在早期的激烈竞争中得以生存下来,除了凭借运气之外,关键在于坚持贯彻'一切以用户价值为依归'的原则,一心只想做好产品体验。自始至终,用户、员工是我们的两条生命线。展望未来的五年,用户、员工、合作伙伴三者的边界将可能逐步打破,形成一种'你中有我,我中有你'的共生长状态,这将为我们展开全新的想象。我们做的是互联网连接,如果不能理解另一端的互联网新兴主流用户群体的消费行为、使用习惯是什么,这将会成为最大的隐忧。"

每当研发出一款新产品,腾讯总是要问问用户的意见,特别是年轻的"90后""00 后"用户群体。这些用户的意见往往比腾讯自己人看产品得出的结论更客观也更全面。

要想实现更好的发展,只有认真倾听用户的意见,才能真正、快速、有效地解决问题。不过,作为一个人,尤其是公司的高层领导,往往相当看重面子,要接受别人的意见并不是一件容易的事情,何况有时还必须在众目睽睽之下接受。

但是,真正具有优秀品质的领导、真正具有极大包容心的领导,应该知道只要有人勇于提出批评或意见,对公司和个人都是没有坏处的。有则改之,无则加勉。如果你拒绝听到一些对自己不好的意见和批评,甚至想立即把提议者打倒,那以后就很少能听到有价值的意见了。

当然,除了外部的意见,腾讯也特别关注内部员工的意见。为了激发员工积极参与热点话题,对公司的战略方向进行讨论,腾讯营造了开放透明的沟通平台,像乐问、BBS等都是腾讯内部比较常见的平台。员工可以对产品发表意见,可以对公司的战略提出自己的观点,也可以吐槽生活中不满的事。

前不久有个员工吐槽腾讯的财付通,说他在买相框的时候,发现财付通特别不好用,并用了很多搞笑的手法将这种不好的用户体验表达出来。这个帖子发出后,很多员工也参与讨论产品的问题。大家实事求是地看问题,不会因为这个产品是自家推出的就对意见有所保留。讨论之后没多久,马化腾也回复了帖子,他说:财付通是很烂。当大家看到马化腾的回复时很惊讶,原来马化腾真的在关注平台上的帖子。

不光腾讯的领导关注员工的意见,在发现问题之后,相关责任人也会及时给出解答并解决问题。从长远的发展来看,不管是领导还是个人,只有树立正确面对批评与意见的态度,才能在批评与自我批评的有效转换中,实现快速的成长和提高。

换个角度来看,有时候别人说你,并不是想要与你为敌,也不是真的有多看不起你的产品,而是在阐述一个事实,希望你有所感悟并做出改变。忠言逆耳利于行,有时候认真思考别人说的话,摆正自己的心态,你能得到更多的信息，学到更多。

马化腾在《马化腾致全体员工的一封信》中也说过："我希望腾讯所有人都能记住：学会倾听、接受批评，是人生中的重要功课。我们的原则是，只要是善意的批评，一定虚心接纳坚决改正。既然腾讯要打造一个开放共赢的互联网新生态，我们就要在面对批评时拥有更加坦荡的胸襟。只有这样，才能让我们的步子迈得更大！"

"认错"是从语言到行动的转变

既然接受外部的批评和意见很重要,那之后该怎么做?这就不得不说到在业界广受关注的"3Q 大战"事件,以及腾讯的处理方法和处理态度。

这场"旷日持久""针锋相对"的互联网战争从 2010 年一直进行到 2014年,在业界掀起了不小的波澜。

"福兮,祸之所倚;祸兮,福之所伏。""3Q 大战"作为腾讯历史上最大的一次危机事件,马化腾直言它给腾讯带来了意料之外的好处:"我把'3Q 大战'视为一次积极事件,它让我们很多潜在的问题提前暴露出来。这就像地震,通过不断挤压让危机爆发出来。"

作为"3Q 大战"的双方,360 和腾讯都有不对的地方,而如何改正问题,才是关键所在。

从 2011 年开始,腾讯很重视"3Q 大战"带来的影响,也开始反思自己的错误,连续召开了 10 场"挑刺大会"(腾讯诊断会),邀请各个行业的专家对之前追求"大而全"的腾讯进行重新定位，以及建议如何正确处理行业间的关系和矛盾。

会上，中国社会科学院法学研究所主任周汉华表示："一个聪明的公司不是说为了避嫌就不做了，而是要和其他的公司完全在公平的平台上竞争。"北京大学新闻与传播学院副教授胡泳直接指出了腾讯的问题所在："腾讯应该开放围栏，而不能再以放牧者的心态故步自封。"

面对各家的观点和批评，腾讯的各位高管都认真倾听、认真思考。腾讯主要创始人、首席技术官张志东指出："诊断腾讯是一个开始，腾讯的转型也是一个开始，希望大家不吝啬自己的意见，我们也会敞开心扉，为用户和开发者带来更大的价值。"

真正的认错不只是口头上的，而是从语言到行动的切实转变。

正是对"3Q大战"的反思，加速了腾讯开放平台的转型之路。

"3Q大战"后，马化腾开始思考腾讯的未来。他在一封公开信中表示："如果没有对手的发难，我们可能不会有这么多的痛苦，也不会有这么多的反思，我们应该感谢他人带给我们的压力和动力。未来我们将尝试在腾讯的发展中注入更加开放和分享的元素。"

除此之外，马化腾还表示，腾讯的员工也应该对这场"战争"进行反思，要集大家的力量和智慧一起打造开放共赢的互联网生态圈，为用户提供最好的互联网服务。要做好这个工作并不容易，腾讯肩负的是对用户与合作伙伴的双重责任，除了要提供好的产品和服务之外，还要有足够大的胸怀和足够强的责任感与使命感。而如何在小心翼翼的前提下实现快速发展，带领行业内更多的人探索商业未来，则是下一步需要探索和完成的工作。

如果说过去腾讯思考最多的问题是"什么是对的"，那么在经历过这场风波之后，腾讯思考最多的问题则变成了"什么是能被认同的"。这意味着需要关注和考量的东西变得更多了，也让腾讯的发展步子更加稳健和扎实。

向对手学习，与行业一同进步

有产品就会有竞争，有竞争就会有输赢，发展至今，腾讯 PK 过很多对手。在与对手竞争博弈的过程中，腾讯早期的策略往往是复制出一个类似的产品，然后利用 QQ 的基础用户量去推广，以此来击败竞争对手。不过随着腾讯的成长以及"3Q 大战"带来的反思，腾讯渐渐地没有那么看重输赢，而是注重向对手学习，与行业一同进步。

我们通过两个案例来简单看看腾讯的学习成长之路。

QQ 与 ICQ

1996 年，ICQ 诞生，瞬间风靡全球。ICQ 是由三个以色列人开发的使人与人在互联网上能够快速直接交流的软件，意为"I seek you"（我找你）。作为 IM 软件的缔造者，它创造了一段辉煌的历史。

1999 年，马化腾和如今的腾讯高级副总裁张志东两人推出 QQ，虽然它最初的名字 OICQ 以及开发的灵感与 ICQ 极为相似，但是在功能上却做出了很多创新：

1. 将用户的资料存储于云服务器，即使切换终端，以往的资料依然存在；

2. 开发了即使离线也能接收消息的功能；

3. 允许用户使用自己的个性化头像；

4. 提供了诸如断点传输、群聊、截图等独创功能。

QQ 的这些创新举措都是 ICQ 没有的，它在贴近用户使用习惯、方便用户使用的同时，极大地满足了用户的需求。大家都觉得本土的 QQ 比 ICQ 更实用。

除了技术方面的问题，其实 QQ 打败 ICQ 的原因还在于了解对方的不足，吸取对方的教训。

1998 年，美国在线用 4.07 亿美元收购了 ICQ，彼时其用户数已经超过 1000 万人。不过美国在线收购了 ICQ 之后却没有好好经营，反而将大量的精力和资金放在浏览器上，试图和微软抗衡。基于此，马化腾抓住时机及时加大对 QQ 的创新，把所有的精力都放在 QQ 上。虽然 QQ 在前期发展中多次因为资金问题给马化腾带来了巨大的经济压力，但它还是在马化腾的努力和坚持下实现了很好的发展。

腾讯与 MSN

1999 年，MSN 开通即时通信服务，推出 MSN Messenger（微软发布的一款即时通信软件，用户可以与亲人、朋友、工作伙伴进行文字聊天、语音对话、视频会议等即时交流）。随着即时通信软件的推出，MSN 免费的绑定策略、强大的邮件收发功能和完善的网站服务，使 MSN 很快笼络了一大批中国粉丝的心。

MSN 极致又强大的功能使腾讯面临扑面而来的巨大压力,要想挽回用户的心,得开发出比 MSN 更齐全的功能才行。而且,最初的 MSN 在中国有着极高的地位和信誉,大家都觉得 MSN 是办公室必备品。相比 MSN 来说,QQ 只是日常聊天的工具,在工作上还是选择 MSN 更好。

于是,2003 年,腾讯开发了许多功能,在传送文件、共享文件、视频会议、聊天备份、收发邮件等方面迎合用户的需求,尤其是后来推出的网络硬盘和空间功能加快了传输速度,打造了完美的用户体验。这些改变让许多用户,特别是中高端人士又转过身来选择了 QQ。

除了在功能方面进行探索和创新,腾讯从 MSN 的发展过程中也学到了不少成功的经验。

第一,准确定位核心价值。MSN 自身的核心价值定位和其他即时通信软件有很大的不同,它所打造的是以商务为核心,再配以多元应用的品牌形象,大家使用 MSN 主要是为了工作方便以及朋友间的交流,这种明显的差异定位使它牢牢抓住了中国市场上中高端人士这个群体。一款产品若想取得很大的成功,必须对自己的核心价值进行准确的定位,不仅是 QQ,微信、腾讯搜搜等产品也同样如此。

第二,整合各大平台资源。很多人是通过 MSN Messenger 才知道 MSN 的。用户通过 MSN Messenger 可以浏览 MSN 的网站信息,可以进入 MSN Hotmail 收发电子邮件,也可以进入 MSN Spaces 查看好友信息。将 MSN Messenger 作为进入 MSN 网站的重要入口,是 MSN 进入中国后首要思考的问题。与之前相比,简单的通信功能已经无法满足用户多样化的需求,所以 MSN 旨在给用户提供一个资源整合的平台,方便用户获取更加全面的信息。

MSN这种顾全大局、稳扎稳打的做法以及它敏捷的处理方式给腾讯的发展树立了一个很好的典范，为腾讯后来的发展提供了不少可借鉴的经验。

当然，腾讯的对手挺多的，比如盛大、搜狗、阿里巴巴、新浪微博等等。在有些产品上，腾讯做得比它们好，但在有些产品上，腾讯做得不如它们。不过，腾讯似乎并不在乎最后的结果，而是在乎整个过程中自己学到了什么。

2016年9月，腾讯全球合作伙伴大会在福州举行。会上，腾讯开放平台总经理侯晓楠表示，腾讯没有把任何人当作竞争对手，而是真心把他们当作合作伙伴。在面对各个行业的激烈竞争中，腾讯最关注的，还是如何做好自己，如何与行业实现共同进步。

不管在什么行业，如果企业在发展过程中仅仅从自身角度想着如何去超越对手，想着如何在这个行业崭露头角，而没有从整个行业大局出发考虑问题的话，那么就算最终取得了成功，也只能算是个体的成功，撑不起整个业界的天空。

人们常说"遇强则强"，因此要感谢那些和腾讯一起进步的对手，有了它们，腾讯才变得更强。爱尔兰哲学家埃德蒙·伯克（Edmund Burke）说过："同我们角斗的对手强健了我们的筋骨，磨炼了我们的技巧，我们的对手就是我们的帮手。"所以不要过于仇视对手，而应该从他们身上学习优秀的东西。

不得不说，"3Q大战"之后，腾讯思考了很多，改变了很多，不再故步自封，而是逐渐打造开放平台，与外界很多生态企业进行交流和合作，实现共同进步，追求开放共赢。这样的改变，扭转了很多创业者最初对腾讯的态度。

感谢那些年的失败案例

坐拥数亿用户的腾讯,其实有过不少失败的案例。百度占领的是广告媒体市场,阿里占领的是电子商务市场,腾讯占领的是社交网络以及游戏市场,如果偏离了它的市场根基,很可能一不小心就创下一个失败的案例。不过这些失败的案例并没有让腾讯一蹶不振,反而让它越挫越勇。腾讯甚至感谢那些年的失败案例,有了它们,腾讯才有了现在的成功。

2012年,马化腾在分享腾讯14年发展中的经验和教训时,把腾讯的发展经验总结为创造生物型组织的"灰度法则"。其中,他提到了一个词语,叫作"冗余度"。

所谓冗余度,即容忍失败,允许适度浪费,鼓励内部竞争、内部试错,不尝试失败就没有成功。

在实践中,很多员工都会面临这种压力:"如果我做的这个产品失败了怎么办?"

　　马化腾分享了自己的经验："在创新的问题上，要允许适度的浪费。即使有一两个团队同时研发一款产品也是可以接受的，只要你认为这个项目是你在战略上必须做的。很多人都看到了微信的成功，但大家不知道，其实在腾讯内部，先后有几个团队都在同时研发基于手机的通信软件，每个团队的设计理念和实现方式都不一样，最后微信受到了更多用户的青睐。你能说这是资源的浪费吗？我认为不是，没有竞争就意味着创新的死亡。即使最后有的团队在竞争中失败，但它依然是激发成功者灵感的源泉，可以把它理解为'内部试错'。并非所有的系统冗余都是浪费，不尝试失败就没有成功，不创造各种可能性就难以获得现实性。"

　　马化腾的这种观点，给了很多员工在精神、技术以及战略上的支持。在合理利用资源的前提下，虽然内部有不少产品失败了，但是这些团队却促使腾讯实现了突破性的成功。

　　在腾讯内部，可以容忍失败；在面对其他竞争者时，腾讯也同样不害怕失败。

　　有的产品，只研发一次可能不会成功，需要在反复研究、调整方向之后才能获得最终的成功。在这种从反复失败到取得成功的过程中，能够获得很多宝贵的经验和教训。但是有的产品，不管你做多少尝试，也无法挽救它走向衰落的结局，那就放弃它。虽然整个团队在这个项目上花了很多时间，但至少通过这种尝试，知道了这条路走不通，以后就可以放弃类似的项目了。

　　腾讯之前做过很多产品，只要是觉得跟腾讯有关的，基本上都有涉猎。即使作为互联网界的"大神"，腾讯也不是万能的，也有很多做不好的产品。面对这种情况，腾讯发现，砍掉那些不必要的业务，把那些不擅长又做不好的东西让给别的合作伙伴去做，自己则安安心心研究自己擅长的产品，将它们打造得越来越好,才更有利于企业实现长远发展。

2008 年,腾讯开始推出 QQ 旋风,并在此后的很长一段时间内将迅雷作为竞争对手。2009 年,在迅雷收取会员每个月 10 元的离线下载费用后,QQ 旋风及时在 2010 年推出了免费离线下载的服务。当时,这一免费策略让很多业内人士预言腾讯将取代迅雷在下载市场的"老大"地位。不过,随着时间的推移,迅雷在下载市场上的地位依然稳不可破,没有被撼动半分,早先业内人士的预言落了空。

2009 年 1 月,腾讯推出朋友网。朋友网原名 QQ 校友,是腾讯公司专门为用户提供行业、公司、学校、班级等真实社交场景的社交平台。朋友网曾试图抗衡人人网,但由于朋友网的功能与 QQ 空间差不多,创新度不高,几乎没有什么人使用,更别提与人人网抗衡了。

2010 年 4 月,乔布斯推出 iPad,打开了移动时代的大门,新浪网抓住机遇成功打造出中国版"推特",加上新浪内部很重视这次机会,全力推广,最后成就了新浪微博至今也难以被取代的地位。由于新浪微博这个新型社交产品的出现抢走了不少 QQ 基础用户,有危机意识的马化腾觉得此时也很有必要把腾讯微博推出去。虽然在时间上只晚了 8 个月,腾讯在推广微博的时候也花了大量功夫,但是由于激励机制不足、运营水平不高、定位不准确、求胜欲不强等原因,腾讯微博始终没有发展起来。

2013 年 5 月,腾讯推出新版手机 QQ,由于它复制微信,让很多用户不满,大家对 2013 版手机 QQ 的评价低至一颗星。之后,马化腾赶紧陪同手机 QQ 的团队熬夜加班,将 2013 版手机 QQ 进行优化改造,以减少新改动带来的影响。

从成立至今,腾讯失败的案例自然不止这些,这些案例让马化腾意识到,即使腾讯在做产品上有着不可比拟的优势，也有辉煌的历史，甚至有很多优秀的经验，但是之前的做法不可能在每一款产品上都奏效。而只有认真对待每一款产品，结合产品实实在在地分析和思考用户的需求，不断学习和创新，才能打造出吸引用户的产品。

因此，腾讯感激那些失败的产品，虽然它们失败了，却让腾讯的领导者和员工看到更多，想得更多。如今腾讯的 QQ、微信、游戏等产品在推出之前下了足够多的功夫，付出了足够多的努力，才让用户的满意度越来越高。

有时候，失败比成功更宝贵，失败会让人变得更理性、更冷静，看事物更全面。因为在失败中积累的经验，就是缔造下一次乃至下下次成功的宝贵财富，而这些，未必能从一次成功中总结出来。作为一个互联网企业，只有勇于挑战新事物，不怕失败和挫折，不断在失败中总结经验和教训，才能有所成长和进步，才能不断前行。

互联网时代，谁也不比谁傻 5 秒

在"2017 年全球品牌价值排行榜"上，腾讯以世界第八、全国第一的身份占据榜中。腾讯从 1998 年 11 月成立，到如今已有 19 个年头，不但没有衰落，反而愈加壮大。在高速发展的互联网时代，稍有不慎便会"万劫不复"，任何企业的任何产品都有随时被颠覆的可能，腾讯到底是怎么做到不仅没有衰落反而日益强大的呢？

如今大多数人都知道微信，也都在用微信，那有多少人知道米聊呢？其实米聊早于微信一个月发布，当时米聊发布时的主打功能是语音对讲和免费发送图片消息，晚于米聊一个月发布的微信的功能跟米聊几乎如出一辙。可是如今的米聊在微信的冲击下仅仅只能存活在 MIUI 之中，为什么晚于米聊发布的微信能够迅速地抢占手机通信软件市场呢？

2010 年 11 月 19 日，腾讯正式启动了微信项目，微信是唯一一个在手机上开始做的，并且是以手机为主的即时通信软件，这在以前是不多见的。当时腾讯已经有 QQ 了，而且已经有手机 QQ 了，但 QQ 是基于电脑和手机两个平台的，只有微信是完全基于手机来开发的。

2011 年 1 月 21 日，微信 1.0 的 iOS 版上线。仅仅在 2011 年一年中，微信就发布了 45 个不同终端的版本，平均每 1.15 周发布一个，而微信具有里程碑意义的几大重要版本以及功能添加，都是在这一年诞生的。微信的定义从"能发照片的免费短信""最时尚的手机语音对讲软件"，变成了"最火爆的手机通信软件"。随后陆续推出的"摇一摇""微信支付"和"微信红包"等功能更是让微信再一次赢得了用户的一致好评，也让微信占据了手机通信软件的绝大部分市场。我们再来看看当年马化腾说的一段话：

> 有些人一上来就把摊子铺得很大，恨不得面面俱到地布好局；有些人习惯于追求完美，总要把产品反复打磨到自认为尽善尽美才推出来。但是市场从来不是一个耐心的等待者。在市场竞争中，一个好的产品往往是从不完美开始的。也许每一次产品更新都不是完美的，但是如果坚持每天发现、修正一两个小问题，不到一年基本就把作品打磨出来了，自己也就很有产品感觉了。同时，千万不要以为，先进入市场就可以高枕无忧。我相信，在互联网时代，谁也不比谁傻 5 秒钟。你的对手会很快醒过来，很快赶上来。他们甚至会比你做得更好，你的安全边界随时有可能被他们突破。

这是在腾讯合作伙伴大会举办一周年时，马化腾说的一段话。从这段话，足以看出马化腾尽管处于行业的顶端仍然保持着敏锐的危机意识，也正因此，腾讯在这么多年的风风雨雨中都未曾跌落神坛。

2017 年 4 月 18 日，中国信息通信研究院产业与规划研究所正式发布《微信社会经济影响力研究报告（2016）》。报告发现，2016 年，微信拉动全社会消费 4475 亿元，同比增长 37.6％；带动社会就业规模达 1881 万人，同比增长 7.7％，其中直接就业 466 万人，间接就业 1415 万人。截至 2016 年 12 月，微信及 WeChat 合并月活跃用户数达 8.89 亿人，同比增长 28％；公众平台汇聚超 1000 万个公众账号、20 万个第三方开发者；企业微信用户数量达到了 3100 万个。

如今的微信已经足够强大到站立在手机通信软件行业的顶端。对于微信，马化腾却有不一样的看法。

"从这个产品案例，我们可以看出，即使像 QQ 已经有每个月超过 6 亿多的活跃用户，但是在这个领域里依然有创新或被颠覆的可能性。坦白讲，微信这个产品出来，如果不在腾讯，不是自己打自己，是在另外一个公司的话，我们可能根本就挡不住。回过头来看，生死关头其实就是一两个月，那时候说这个怎么改，那个怎么改，在产品里调整。所以也再一次说明，互联网时代、移动互联网时代，一个企业看似牢不可破，其实都有大的危机，稍微把握不住趋势的话就非常危险，之前积累的东西就可能灰飞烟灭，一旦过了这个坎就势不可当了。这是一个感受。"

我们想象一下，如果微信是另外一家公司开发的，在短短几年时间里，占据手机通信软件市场的绝大部分份额，腾讯的 QQ 将遭受到多大的打击，任何一家同类型的企业都不可能承受得住。腾讯在推出微信之后，如果没有不断加大力度地对微信进行优化开发，如今我们用的手机通信软件就可能是米聊、来往或者易信了。

微信的竞争对手们都虎视眈眈地盯着整个市场，都想在手机通信行业分一杯羹。如果马化腾没有时时刻刻关注整个市场的动向，没有足够敏锐的危机意识，没能把握住趋势，只要稍一松懈，腾讯就可能被其他的竞争对手超越，甚至被其他的企业所取代，腾讯帝国的衰落也就不是臆想了。

在互联网时代、移动互联网时代，谁也不比谁傻 5 秒。一个企业看似牢不可破、风光无限，其实都潜藏着巨大的危机，只要稍一懈怠，没能跟上市场的发展趋势，没能把握住市场的走向，只需短短的"5 秒"就可能被其他竞争对手超越、取代，之前所做的一切努力和积累的所有成就也就随之灰飞烟灭了。

最大的担心：“不了解年轻人的喜好”

在这个互联网迅猛发展的时代，无论你的公司有多大，无论你的资产有多少，无论你的产品有多优秀，即使你什么错也不犯，如果你没有危机感，稍不留神就可能被淘汰。

马化腾出席众安保险启动仪式时表示，自己希望多了解年轻人的喜好，最担心的是不了解年轻人的使用习惯。“年轻人在互联网上喜欢的东西我越来越看不懂，这是我最大的担忧。在美国，阅后即焚（Snapchat）非常火，我们自己用起来觉得没什么意思，但发现12～18岁的女生特别喜欢玩。”

“在这个行业里待久了，不接地气了，不知道现在年轻人喜欢什么，这是我觉得最可怕的。每天早上醒来最大的担心是，不理解以后互联网主流用户的使用习惯是什么。”

在马化腾看来，不管是QQ还是微信，没人能保证一个服务是永久不变的，永久不变的产品是不会走得长远的。他以Facebook举例说，人性就是喜欢更新，你什么错都没有，但就错在你太老了，一定得换了。"你用常理很难和他解释，不是人越多越好吗？但年轻人就是要个性。这种思想，和常规的商业想法不一样，这可能就是以后年轻人的思维。"

"怎么顺应这种潮流？更新品牌？更改服务？换个名字？还是自我革命，即使和既得利益冲突？这是我经常反思的。"马化腾的这番"深情告白"，足以让我们看到即使强到几乎没有竞争对手，坐拥半壁江山的腾讯也时时刻刻保持着高度的危机意识，可见危机意识对于一个企业是多么重要。如果没有危机意识，满足现状，不思进取，不敢开拓和冒险，最终只能走向灭亡。正如孟子所说："生于忧患，死于安乐。"

微软的比尔·盖茨总是感到危机的存在："微软离破产永远只有 18 个月。"

海尔的张瑞敏总是感觉"每天的心情都是如履薄冰，如临深渊"。

联想的柳传志总是认为"你一打盹，对手的机会就来了"。

百度的李彦宏经常强调："别看我们现在是第一，如果你 30 天停止工作，这个公司就完了。"

这些身经百战的创业家们都深知缺乏危机感的后果。黑夜和白天密不可分，没有黑夜也就没有白天。风险和机会也总是并行，机会的背面就是风险。正如管理大师理查德·帕斯卡尔（Richard Tanner Pascale）的那句名言："21 世纪，没有危机感就是最大的危机。"

不论企业是否强大，危机是客观存在的，是无处不在、无时不有的。任何危机都不是突然出现的，它总是潜伏并成长在没有危机的意识之中。一个企业的成长需要时刻保持危机意识，在没有危机出现时制定相应的危机处理机制，并将危机意识不断灌输给企业的全体员工。

华为在 2000 年销售额达 220 亿元,利润以 29 亿元人民币位居全国电子百强首位的时候,任正非却大谈危机和失败,确实发人深省。

任正非说道:"公司所有员工是否考虑过,如果有一天,公司销售额下滑、利润下滑甚至破产,我们怎么办? 我们公司的太平时间过得太长了,在和平时期'升的官'也太多了,这也许就是我们的灾难,泰坦尼克号也是在一片欢呼声中出的海最后沉没,而且我相信,这一天一定会到来。面对这样的未来,我们怎样来处理,我们是不是思考过? 我们好多员工盲目自豪,盲目乐观,如果想过的人太少,也许就快来临了。居安思危,不是危言耸听。"

华为凭着强烈的危机意识,不断发现自己的不足,不断地改进和提高,获得了快速的发展。2016 年华为就已经达到 5200 亿人民币(约 763 亿美元)的总收入。预计到 2020 年,华为的全球收入将增长三倍,达到 1000 亿美元。

企业的领导者和所有员工面对市场竞争都要充满危机感,今天的成功并不意味着明天的成功,企业最辉煌的时候往往就是衰落的开始。

在互联网行业,产品和用户需求的变化之快,对研发技术能力的依赖之深,都是史无前例的。这里没有侥幸,没有永远的第一,甚至没有对错,只要用户没兴趣了,你就会被淘汰,这是互联网行业的残酷之处。

根据中国互联网络信息中心发布的《中国互联网络发展状况统计报告》,截至 2016 年 12 月,我国网民规模已达 7.31 亿,全年共计新增网民 4299 万人。相关数据还显示,10～29 岁年龄段的网民共计占比达到 50.5%,"90 后""00 后"正在成为互联网的中坚力量。

马化腾在 2013 年就已经预测到未来的互联网市场主要在年轻人身上,"得年轻人者得天下"。马化腾谈到自己最大的担心是不知道现在年轻人的喜好,也是不无道理的。

现在的年轻人到底喜欢什么？喜欢什么样的互联网产品？比如阅后即焚（Snapchat）、Bilibili 的弹幕文化、美图秀秀的滤镜，以及之前郭列创办的一款拼脸 app"脸萌"。它们的成功全都是因为捕捉到了年轻人的喜好和习惯。

不管是任何企业，想要存活、想要发展、想要成功，都得去思考自己产品的受众需要什么、喜欢什么。互联网行业的主要受众就是年轻人，"90 后"生活的时代刚好是互联网兴起的时代，他们可以说完全接受了互联网文化，而"00 后"从一出生就生活在互联网中；互联网上消费的人也以年轻人居多。数据分析专业机构——企鹅智酷的负责人王冠举例说，在他们的研究样本中，95％以上的人曾在线观看过 NBA 直播，其中男性用户比女性用户多12％，而愿意在线付费收看的人群中，57.4％是年轻人，比例高于中老年人。这些数据从一个侧面说明，抓住年轻人的消费习惯和需求，就能够获得可观的市场份额，因此，年轻人的消费趋势越来越受到企业的关注。

互联网企业只有牢牢抓住年轻人的喜好，迎合他们的需要，才能长久地站立在这个行业之中。"得年轻人者得天下"这句话丝毫不夸张。

开放不是态度而是能力

2010 年 12 月 5 日,中国企业领袖年会(第九届)在北京举行,马化腾发表了名为"关于互联网未来的 8 条论纲"的演讲。在这场演讲中,马化腾说:"垄断是一个令人烦恼的罪名,但有的时候确实是一个假想的罪名。"他提到,腾讯开始步入为期半年的战略转型筹备期。

在此后的半年中,腾讯先后在全国各地举办了 10 场"腾讯诊断会",充分表明腾讯想要改变业内对它"抄袭""垄断"的印象,这不用怀疑——没有人愿意背着这样的名头。

互联网世界瞬息万变,生死转换往往只在一念之间。"3Q 事件"成了激发腾讯系统性改革的关键点。开放,势在必行;开放,势不可挡。于是腾讯开始筹备腾讯开放平台,2011 年 6 月 15 日在北京宣布正式上线。2012 年 5 月 16 日,腾讯公司发布了 2012 年度第一季度财报。财报显示,腾讯第一季度总收入为 96.479 亿元,比去年同期增长 52.2%。其中,过去在腾讯总体收入中比例相对较小的网络广告业务收入为 5.401 亿元，比去年同期增长 92.3%。借由开放平台增长的社交网络广告业务，效果已经显现。

开放之前，在很长的时间里，腾讯都是自己做产品提供给用户。然而当用户量达到数亿后，随着用户年龄的多样，用户需求的多元化逐渐凸显。虽然当时腾讯有 2 万名员工，开发出了上百种产品，但凭借腾讯自身的力量，已经越来越难以满足海量用户日新月异的个性需求。如果说腾讯过去的梦想是希望建立一个一站式的在线生活平台，今天想把这个梦想往前推进一步，就是一起打造一个没有疆界、开放共享的互联网新生态。

腾讯整体开放自己的平台，好像开放了一个舞台，不仅让自己的"演员"来这里"表演"，同时也让更多的专业服务提供商参与其中，由专业的开发商为用户提供更多的产品与服务。腾讯负责舞台的搭建，提供好声、光、电等各项基础服务。

开放不是大厂的专属，只要有自己的核心技术、独特数据和能力，就是可供开放的载体，都可以搞开放。我们可以看到，很多企业开放之后和开放之前的状态完全是两码事。

在百度阿拉丁平台上，百度提供流量，合作者提供的是自己独有的数据；科大讯飞开放出自己的语音技术能力；金山云开放出视频美颜的 SDK（软件开发工具包）给去年大火的直播类产品；映客开放出研发的直播 SDK 给所有需要开设直播模块需求的产品；腾讯投资搜狗时特别独家开放了微信公众号的数据；蚂蚁金服的芝麻信用开放出自己的征信数据及风控能力，包括蚂蚁金服在海外收购入股支付类公司时也都包含开放自己的支付技术能力，帮助这些本地化的支付企业快速成长。营销达人李叫兽加入百度研究营销与人工智能的结合，其实也是在尝试开放自己的营销能力。

《赫芬顿邮报》号称"互联网第一大报"。2011年2月，美国在线以3.15亿美元收购该报。《赫芬顿邮报》是一家新闻与分析网站，创办于2005年。2011年1月，它的独立访问量是2800万，接近《纽约时报》《国际先驱论坛报》3000万的独立访问量，这意味着它已经跻身主流媒体行列。2010年，它的营业额是3000万美元，在美国报业都在为广告跳水、发行量骤减以及读者向网络免费新闻迁徙而苦苦挣扎之时，《赫芬顿邮报》却一枝独秀。

《赫芬顿邮报》一枝独秀的秘诀就在于把读者变成记者。《赫芬顿邮报》有1万多名"公民记者"，类似传统媒体的"通讯员"，每时每刻都在为它提供报道。2008年美国大选，《赫芬顿邮报》将采访任务分给50～100名"公民记者"，每人每天用一个小时，就能完成一个记者两个月才能完成的工作量。赫芬顿称之为"分布式新闻"。"分布式"网罗了大量高质量的撰稿人，UGC（用户生成内容）的能动性得到激发，媒体才能真正活起来。

企业把外部创意和外部市场化渠道的作用上升到和封闭式创新模式下的内部创意以及内部市场化渠道同样重要的地位，均衡协调内部和外部的资源进行创新，不仅把创新寄托在传统的产品经营上，还积极寻找外部的合资、技术特许、委外研究、技术合伙、战略联盟或者风险投资等合适的商业模式，来尽快地把创新思想变为现实产品与利润。

如果当年腾讯故步自封，不选择开放，而是关起门来自己做产品，腾讯走不了这么远。只有互利共赢才能走得更远。换个思路、换个方式，就会有更广阔的天空等待你去翱翔。

腾讯现在只有"半条命"

在"3Q 大战"之前,腾讯埋头做产品,和外界交流很少,业务像"八爪鱼",什么都做;在此之后,腾讯的转变非常大,放弃非核心业务,交给合作伙伴,推出了开放平台,帮助创业者成长,只给自己留了"半条命"。

腾讯的"半条命"是怎么个活法呢?腾讯将原有业务、要控股的业务精简,聚焦最为核心的通信社交平台、内容产业等业务,其他则交给合作伙伴。"过去确实有很多不放心,出于本能,很多事情都想自己去做。但现在我们真是'半条命',我们把另外半条命给合作伙伴了,这样才会形成一种生态。对我来说,我们的心态是回归到自身最核心的平台。"

"在新时代的风口中,腾讯要做的是搭梯子,回归到最核心的平台。我们能做的是给所有产业提供零配件工具,让他们在和移动互联网结合的浪潮中可以飞得更高、飞得更安全。"马化腾认为,每个企业,讲基因也好,或者管理层的精力和能力,都是有限的,"我想应该还是要聚焦在你最擅长的领域里面。我们的商业模式就赚一层很薄的,但是很宽广的利润,而不会说进入到每一个行业很深"。

腾讯把自己的内部资源全部用在自己擅长的领域,更加专注地去做自己擅长的业务,而把其他一切自己不擅长的业务交给合作伙伴,并且充分地信任自己的合作伙伴。《互联网周刊》主编姜奇平深有感触地说道:"腾讯把半条命寄托在合作伙伴身上,你想想这对于腾讯这样一家公司的冲击是多大。因为腾讯这家公司本来就是以谨慎著称的,相当于它是冒着极大的风险。马化腾权衡来权衡去,觉得还是不把半条命握在自己手上,而是放在合作伙伴手上,你就可以感受到震撼,就是他自己心里真的不踏实,但是为了开放,他舍得。这也是一般企业做不到的。"

"舍得"是一种魄力,有舍才有得。如果没有这点魄力,腾讯把所有的业务和大部分的精力放到自己不擅长的领域去,不仅产品做不好,还会搞得自己"疲惫不堪",这样下去,迟早有一天会累死。

以最为重要的电商和搜索为例,腾讯之前创建了"拍拍"与各大电商竞争,最后直接交给了京东;还有腾讯自己出的搜索引擎 SOSO 和旗下的搜搜业务等相关资产,也在 2013 年 9 月 16 日并给了搜狗。马化腾直言:要将原有的业务进行精简,聚焦在最为核心的通信社交平台、内容产业等业务上,其他则交给合作伙伴。

自战略入股京东之后,腾讯不但将拍拍团队与京东进行资源整合,还在京东接入了微信的入口。双方展开了包括打通支付、效果广告平台等业务上的合作,聚合效应应该说非常明显。

搜狗在获得腾讯注资以后,陆续推出了浏览器、地图、搜索、游戏等多种业务,并且将这些业务划分到三大事业部,产品矩阵战略逐渐清晰。在微信庞大用户量的支撑下，搜索俨然成了搜狗使用量最高的应用。

而微信已经自成独立的生态体系，依附在微信上的产业不可计数。微信公众号的兴盛，使得无论是个人还是公司都纷纷开设微信公众号，微信内成千上万的公众号内容，成了一片待开发的处女之地。

根据权威机构的统计，2016 年微信每月活跃用户已达到 5.49 亿人，用户覆盖 200 多个国家、超过 20 种语言。此外，各品牌的微信公众号总数超过 800 万个，移动应用对接数量超过 85000 个，微信支付用户则达到了 4 亿人左右。通过这些数据，可以预见的是，搜索将成为搜狗最大的底牌。

而针对搜狗这个微信最重要的搜索业务伙伴，腾讯并没有强势地全资控股，而是战略入股。根据腾讯年报数据，2013 年，腾讯以 5.16 亿美元现金买入 40.9% 的搜狗股权。

腾讯开放合作的战略从"事必躬亲"到"只有半条命，让专业的人做专业的事"，背后折射的是管理层思维的转变，经历这种转变的原因既有"3Q 大战"的总结和教训，也有自身发展时面临的"成长的烦恼"。

实际上，一家企业的管理层和员工的精力与能力都是有限的，如果无限扩展业务，对所有的业务都亲力亲为，最终的结果无非疲于奔命，不但产品没做好，还浪费了自己的精力和时间。

互联网这个行业有太多的诱惑，如果不能专注于自己擅长的业务，什么业务都想做，反倒会迷失自己，错失机会，最终难免被市场淘汰。因此，对于一家企业，一家互联网企业来说，"半条命"的态度就显得极其重要和关键。

2016 年 6 月 16 日，在央视《对话》栏目现场，马化腾感慨万千地说了这样的话：

　　所以现在创业者要更加积极开放地看待腾讯，我们这两年也做了很多努力，我希望我们成为你们最合适的合作伙伴。当时说这段话对外表态的时候，也有很多人并不当真，因为腾讯在过去，很多发展更习惯于全部都自己做，不给外部留任何机会；我们内部的业务部门，每一个部门都有很多产品线，土地这么肥沃，怎么做也不会太差。

　　……现在遇到一个很大的坎，其实并不是坏事，对整个企业的成长是非常有利的，也让我们想哪些事情应该做，哪些事情不应该做，或者优先级更清晰了，而不是糊里糊涂地什么都往前推，这是不行的。

　　第二个是来自内部的压力，其实我们对内部很多业务也给了很多"互联网＋"机会、很多资金去尝试，但是为什么"在温室里的花朵"打不过野外上千家、上百家的摸爬滚打，答案是很明显的……我们一般的互联网公司是没办法有这样的基因和这样的能力去掌控的。这也是我们不得不放弃，一定要交给最好的合作伙伴去做的原因。所以，我们制定了"开放"战略，一步步坚持往前走才走到现在。

专注连接管道，融入传统产业

"互联网＋"是什么意思？通俗地说，"互联网＋"就是"互联网＋各个传统产业"，但这并不是简单的两者相加，而是利用信息通信技术以及互联网平台，让互联网与传统产业进行深度融合，创造新的发展生态。它代表一种新的社会形态，即充分发挥互联网在社会资源配置中的优化和集成作用，将互联网的创新成果深度融合于经济、社会各领域之中，提升全社会的创新力和生产力，形成更广泛的以互联网为基础设施和实现工具的经济发展新形态。

自 2010 年"3Q 大战"之后，中国互联网行业进入新的阶段。腾讯亦从"全行业的敌人"中解脱出来，走向新的征途。腾讯开始转型走开放路线，打造腾讯开放平台，为广大的开发者提供舞台，与更多的企业进行合作，把更多非自己专业的业务交给合作伙伴去完成。

三年之后，马化腾在乌镇举行的互联网大会上说到腾讯将专注于做互联网的连接器："腾讯的优势是在通信、社交大平台上，现在整个战略是回归本质,做互联网的连接器,不仅把人连接起来,还要把服务和设备连接起来。"2015年的中国"互联网＋"峰会上,马化腾又说道:"今天我们把互联网定义为一种信息能源,就像蒸汽机和电力一样,所有的行业都应该很清楚,完全可以把'互联网＋'融入自己的行业当中。为了顺应潮流,腾讯现在只做两件事情:第一就做连接器;第二做内容产业。"

腾讯的转型可以说非常成功,从以前闭门造车自己搞,到后来把"半条命"交给合作伙伴,大家一起搞。腾讯非常清楚自己的优势在于通信和社交平台,于是回归本质,做互联网的连接器。

"我们现在的定位很清晰也很简单,就做两件事情:第一就做连接器,通过微信、QQ通信平台,成为连接人和人、人和服务、人和设备的一个连接器。我们不会介入到很多商业逻辑中去,我们只做最好的连接器。"

腾讯对于"互联网＋"的态度很明确,它就是一种更立足长远、更去中心化的智能处理方式。对于现在的"互联网＋",人们接触得最多、感受最深的就是"互联网＋交通",如滴滴、优步、摩拜单车等等。

在"互联网＋交通"领域,腾讯此前就投资了滴滴,并先后两轮融资摩拜单车。在这一领域,马云和李彦宏亦有投资。而腾讯的优势在于微信,2017年3月底,摩拜单车入驻微信钱包页面。

马化腾希望与传统企业合作,撬开"互联网＋传统产业"这一万亿级的市场。其中,最典型的案例是与三一重工的合作。

作为中国制造的代表,三一重工每5分钟就可以下线一台挖掘机,每1小时就可以下线一台泵车。三一重工与腾讯云合作,共同搭建了一个工业互联网平台。在此平台上把全球超过30万台重型机械设备联网连接起来,实时采集超过1万个参数,"这样可以令任何地点的设备出故障时都能被立刻感知，2 小时到现场，20 小时解决问题"。

此外，腾讯还与全球最大的水产饲料生产企业通威集团合作，推出了"鱼苗通""鱼价通"和"鱼病通"，既衔接鱼苗企业和需求方，又就近寻找离用户最近的鱼病专家。

马化腾认为传统制造用信息技术实时联网之后，和客户的生产关系及商业模式都会发生变化，"我觉得这是个非常有意思的点"。

而对于腾讯来说，它的定位就是坚持做好连接器，并希望连接各方的优势，支持企业走向数字经济。

在腾讯和京东、美团等公司共同对大数据进行融合之后，他们发布了"互联网＋数字经济指数"。统计显示，2016 年的数字经济 GDP 大约是 23 万亿，占总体 GDP 的 31％左右。还有一个很有意思的现象：一个省内，互联网＋数字经济指数每增加 1％，就业增加近 2 万人，两者紧密相关。我们还看到，数字经济在消除城乡发展鸿沟以及助力精准扶贫方面，也有很重要的作用。

从这些数据足以看出"互联网＋"对整个社会，以及对社会发展的方向都产生了巨大的影响。如今的"互联网＋"已经进入我们的生活之中，也许再过十年，甚至短短几年，我们就可以在互联网上做我们想做的任何事情。

在马化腾眼里，互联网没有什么神秘之处，就是一个工具。这个工具所有行业都可以用，就像蒸汽机的动力和发电机的电力一样。在和各方共同推进"互联网＋"的过程中，腾讯只做两件事——连接器和内容产业。

1944 年,乔治·奥威尔(George Orwell)完成了《动物庄园》的写作。在这本经典之作中,有一匹叫"Boxer"(布克瑟)的马,它每天勤恳地工作,仿佛不知疲倦,能够完成许多动物无法完成的事情。尽管它不聪明,但它身材高大,吃苦耐劳,拥有坚毅的品质,责任心极强。为此,布克瑟获得了许多动物的尊敬,它感觉十分光荣。

它每天最早起床,最晚收工,它干的都是最辛苦的活;即便脚受了重伤,布克瑟仍咬牙坚持工作,从不叫苦。布克瑟的辛勤工作并没有换来美好的退休生活,它在工作中倒下了,最终被卖给了屠宰场,遭人屠杀送命。

布克瑟的命运是悲惨的,催人泪下,它的工作精神自然令人感动,加深了人们对它的同情之心。如果抛开其他原因,仅从工作本身来讲,布克瑟真的做得对吗? 它的悲剧根源在于无法看清自己为之卖命的权力阶层。它一直在盲目地工作,消耗了自己的生命。

在现代社会,几乎看不到像布克瑟这样的工作者。人类这样的高级动物能够明辨是非,区分利弊。人们可以很辛苦地工作,但绝不会无缘无故地拼命工作。日本著名实业家稻盛和夫在《干法》一书中表达了自己的工作哲学:理解工作的意义,全身心投入工作,你就能度过幸福的人生。其中,理解工作摆在了第一位,然后才是用正确的方法投入工作。

这样的工作理念引发了许多人的共鸣。人为什么要工作?这个问题的答案绝对不是"我工作就是为了有一天不工作",它应当有更深层的意义。如非这样,那些休产假的妈妈们就不会吵着要回单位上班了。

在大多数人能够解决温饱的环境里,人们对工作有了更高级的追求。首先,工作可以使人快乐。不管你是否承认,我相信任何工作中的人都有那么一刻产生过愉悦感,或许是完成了一个艰难的项目,或许是受到了领导的赞扬,或许是得到了行业荣誉……这些快乐是属于工作的。

还有自由。有人认为工作是一种束缚,那些天天幻想着不用工作,每天游山玩水的人,其实内心非常清楚,如果没有工作,内心会产生空虚感,更别说没有工作就无法获得金钱收入,陷入生存危机的状况了。那些实现财务自由的人,很少有人会选择不再工作,反而他们早已将工作融入了生活之中。

更幸运的是,随着社会的发展,人们工作的理由又增加了一项,即创造价值。人是一种具有传承观念的动物,总想为子孙后代留下一点什么。古人说的"名垂青史"便是一种传承思想的表现。而那些在工作中创造价值的人,更容易被后人记住。

在《钢铁是怎样炼成的》一书中,尼·奥斯特洛夫斯基写了这样一段话:"人最宝贵的是生命,生命对于每个人只有一次,人的一生应该这样度过:当回忆往事的时候,他不会因为虚度年华而悔恨,也不会因为碌碌无为而羞愧;

在临死的时候，他能够说：'我的生命和全部精力都献给了世界上最壮丽的事业——为人类的解放事业而斗争'。"

这段话曾在革命岁月激励过无数有志之士，他们为了解放事业，奉献出自己的青春和热血，不惜以生命为代价换取革命的胜利。

如今，和平世界里的工作者们可以坐在办公室里工作，天冷的时候有暖气，天热的时候有冷气。环境变得舒适安逸了，并不意味着停止创造价值，人们仍然追求个人价值、组织价值，以及更高的社会价值。

现代人不愿承认的事实是——我们其实是喜欢工作的。如果不是这样，本书也就没有存在的必要了，稻盛和夫先生所著的《干法》《活法》也不会受到读者的追捧。人们热爱工作，或者说想要更高效地完成工作，才会创造出一些特别的办法，才会想要学习借鉴别人的经验。

美籍亚裔心理学家、宾夕法尼亚大学的安吉拉·李·杜克沃斯（Angela Lee Duckworth）教授在研究中发现，培养一个人毅力的最好的方式叫作"成长型思维模式"。她在 TED 演讲中说："斯坦福大学的卡洛·杜威克（Carol Dweck）提出过一个观点，他相信，人的学习能力是可变的，它随着你的努力程度而变化。当人遇到挑战和失败的时候，反而更会坚持下去。因为他们认为，失败不会是恒久的。"

这段话同样可以解释，人们在工作中的冲劲和毅力来自于对改变现状的渴望。人们相信能够创造更大的价值，才会不断挑战，不断做出改变。在大家攻克难题的时候，如果发现并学会了一种好的方法，自然会为之折服。

除了更高效地工作之外，人们学习工作法还为了创造组织文化，或者融入组织文化。从技巧层面来讲，每一家企业都有不同的工作法。从根源来讲,这些不同的方式产生于不同的文化环境。实际上,工作法没有好坏之分,只有适合或者不适合。腾讯的工作法在腾讯的土壤很有效,拿到其他公司未必如此。

在本书中,我们讲到了一些腾讯工作法的具体做法,但仅供读者参考。在适宜的环境中,相信这些做法会发光发亮,甚至产生惊喜。以我所在的公司为例,在研究腾讯工作法的同时,我们也尝试借鉴学习了一些方法,比如腾讯最为有名的邮件工作法。

2017年3月20日,我给公司员工们发了这样一封邮件,摘录部分内容如下:

很高兴又能发现我们日常中的一些问题,并能够引发思考,抛出来让大家共同成长。我贯彻邮件文化已经有一段时间了,一开始我也不明白,为什么腾讯的马化腾从公司建立那天开始就要贯彻邮件文化,直到今天,我才对邮件文化进行了一番梳理:

首先说说,我们喜欢电话、喜欢微信、喜欢QQ沟通,我想,原因有很多种:1. 很快,一件事很快就通知到了;2. 需要回馈,电话里就知道对方怎样回答了,给了指令了;3. 大家很懒,写邮件的话很累;4. 不想留下证据,很多话不方便用文字写出来……

但实际上,不用邮件,不写出来,弊端很多。除了我们之间想聊聊天、谈谈心以外,如果你习惯用社交工具和通信工具来做工作上的事情,容易产生很多不必要的问题。

1. 信息漏斗。我告诉你一件事,让你告诉别人如何如何办,你能听懂的肯定不是100%,你再转达出去,又减少了一部分信息,到最后执行的时候,可能就是完全错误的。

2. 无助于思考力的锻炼。打电话省事,写邮件要思考,要有逻辑,要提出问题,再提解决方案。打电话、发信息都不用思考,直接告诉对方发生什么事情了,问怎么办。但是写邮件,你总不能只写一句话:"某某人问我们能不能合作……你说怎么办?"

3. 没有逻辑。说话这种沟通方式,除了在谈判中要讲究逻辑,日常社交中是不讲逻辑的。所以,如果大家习惯用这种方式去讲工作,久而久之,就失去了逻辑的训练。你的思考中没有逻辑这个概念了,最后会压根就没有逻辑思维。

4. 不利于人际关系。如果发邮件抱怨工作,起码要有理有据,但打电话不用,一通牢骚就行。

5. 时间过去了容易忘。

6. 没有证据,不方便查询。

……

综合以上问题,我觉得我找到了一个在公司中沟通的最好工具,就是邮件,核心原因有三个:

1. 工作中的问题以邮件解决,在写的时候,你就培养了自己的思维能力、文字能力、逻辑能力等。

2. 培养大家作为项目负责人的处理事情的能力,杜绝出现什么问题就直接把问题踢出去,让别人解答。发邮件毕竟是一个正式的动作,发之前会想想这件事自己是否能够处理,如果能够处理,就不需要再请示别人了。

3. 材料有保存至关重要。

我们公司的文化,就是吸收先进理念让自身不断卓越的文化,让我们每个人都成为强者,让公司成为强者聚集的地方。以后,公司必须贯彻邮件文化,我有几个要求:

1.管理层对大家的邮件处理期限是当天,如果不是十万火急的事情,最好是发邮件,并发微信确认收件。同事之间也要养成这个习惯。

2.邮件必须当天回复,有条件的话,半天内回复。

3.遇到紧急的事情,发邮件的同时,还要打电话沟通。重要的事情,不能只有电话沟通,必须有邮件说明。

4.工作中的困难,用邮件去请求帮助。公司中的每个人都有帮助别人的义务;当别人对你的工作提供帮助时,发正式邮件表示感谢。

5.每人写周报,以邮件形式发给上级领导。

这封邮件发出5个月后,公司内部基本适应了邮件工作法。意料之中的是,通过邮件的来往,任务安排、责任划分明确了许多;员工的工作逻辑有了较大提升,减少了对管理层的依赖;公司形象得到了规范。

而邮件工作法还带来了一些意外的惊喜。在邮件周报记录中,员工可以及时地总结业务经验和感受,提出对公司发展的意见或者对个人发展的期待。通过这样的方式,他们记录了自己的点滴成长,而及时的总结能让他们防止下一次犯错。

同时,对于公司来说,邮件沟通能够及时获知员工的动态。每次读完周报,我也会给所有人发送一份邮件,内容包括公司管理、组织文化、业务分析等各个方面。大家能够感受到,邮件无形中成了一种情感纽带。大家在邮件中相互激励,也可以尖锐地提出问题,提供合理的解决办法,等等。

从推行的初步结果来看，邮件工作法在我所在的企业可以融合并推广。尽管发送邮件的方式和腾讯相似，但在具体的内容细节上和腾讯内部有诸多不同。在此，仅作为个例与读者分享一种工作法的借鉴与应用。

工作法不仅是形式和技巧的总结学习，更应当是思维的启发。从腾讯的工作法中，如果能够捕捉到一两种好的方法，并将其灵活应用，这就是本书的价值所在了。

致　谢
Acknowledgements

在写《腾讯工作法》的过程中，我自己也逐渐开始扮演部门管理者的角色。对于曾经的工作，我有一些自己的感悟；对于未来的工作，我有许多新的问题。更多的时候，我感觉到，工作就是问题。我不是在产生问题，就是在解决问题。

每天，打开电脑或者拿起电话，都有许多问题等待着我。曾经，我是一个记者，每天睡觉前，还有醒来的第一秒，我一定是拿起手机浏览当天的消息，找可以挖掘的新闻线索，我会准备一箩筐的问题抛向被采访者。

而如今，越来越多的问题向我涌来。2015 年，我和我的伙伴们开始创业。作为团队的核心成员，我必须面对管理、财务乃至后勤等等各种陌生的事务；而就工作的专业技术层面来说，我还有很多高峰需要攀登，许多怪兽必须打倒，才可能成为最后的强者。

我最想感谢的是父母，从最初反对我创业到现在支持我的决定，他们做出了巨大的牺牲，给了我足够的理解。

而我也相信，是自己的成长让父母感受到了希望。

更多的感谢要给每天和我并肩作战的伙伴们，花花、汪老师、立立、陈兰、刚哥、姚老师、段爷、麦爷、张 sir、马先生、智会、富豪……如果没有你们，我的工作只会一团糟。

2015 年，我们三个人埋头就干，板凳一坐就是一年。那一年春节，我喝着热气腾腾的羊肉汤，心里全是希望。

2016 年，我们五个人去若尔盖游玩。那天住在青旅，我们每人一杯咖啡，坐在大厅加班工作，解决了突发的一连串问题。那时候，我为团队感到骄傲。

2017 年，我们有了十二位伙伴，大家每天在一起工作，互相支持、互相影响。这一刻，我感到了一股力量，它慢慢地生长蔓延。我相信，它终将成为一股强大的势力。

此外，还有那些为我排忧解难的朋友，帮助我的老师们，因为你们，我的工作环境才如此的纯净可爱。一家公司、一个人，任凭有再巧妙的工作法，如果没有良师，没有伙伴，什么都做不了。

最后感谢腾讯，虽然于腾讯而言，我们是渺小的。但正因为有了这样的榜样，我们更多人才能站在巨人的肩膀上，用更科学的思维来找寻路径，用更高效的办法来付诸实践。感谢腾讯在过去犯过的错误、取得的成功，即便是碎片的信息，对于后来者也非常宝贵。

李亦花

2017 年 8 月

图书在版编目（CIP）数据

腾讯工作法 / 李亦花，陈兰著 . —杭州：浙江大
学出版社, 2018.1
ISBN 978-7-308-17703-0

Ⅰ.①腾… Ⅱ.①李… ②陈… Ⅲ.① 网络公司—企
业管理—经验—中国 Ⅳ.①F279.244.4

中国版本图书馆 CIP 数据核字（2017）第 318728 号

腾讯工作法

李亦花 陈 兰 著

策 划	杭州蓝狮子文化创意股份有限公司	
责任编辑	张一弛	
责任校对	杨利军	
封面设计	卓義雲天	
出版发行	浙江大学出版社	
	（杭州市天目山路 148 号 邮政编码 310007）	
	（网址:http://www.zjupress.com）	
排 版	杭州中大图文设计有限公司	
印 刷	杭州钱江彩色印务有限公司	
开 本	710mm×1000mm 1/16	
印 张	14.5	
字 数	182 千	
版 印 次	2018 年 1 月第 1 版 2018 年 1 月第 1 次印刷	
书 号	ISBN 978-7-308-17703-0	
定 价	49.00 元	